www.ingramcontent.com/pod-product-compliance
Lightning Source LLC
LaVergne TN
LVHW020424080526
838202LV00055B/5026
9788119022151

میری نظمیں میرے گیت

حشم الرّمضان

© Taemeer Publications
Meri Nazmein Mere Geet
by: Hasham-ur-Ramazan
Edition: January '2023
Publisher & Printer:
Taemeer Publications, Hyderabad.

ISBN 978-81-19-02215-1

9 788119 022151

مصنف یاناشر کی پیشگی اجازت کے بغیر اس کتاب کا کوئی بھی حصہ کسی بھی شکل میں بشمول ویب سائٹ پر اَپ لوڈنگ کے لیے استعمال نہ کیا جائے۔ نیز اس کتاب پر کسی بھی قسم کے تنازع کو نمٹانے کا اختیار صرف حیدرآباد (تلنگانہ) کی عدلیہ کو ہو گا۔

© تعمیر پبلی کیشنز

کتاب	:	**میری نظمیں میرے گیت**
مصنف	:	**حشم الرمضان**
صنف	:	شاعری
ناشر	:	تعمیر پبلی کیشنز (حیدرآباد، انڈیا)
زیر اہتمام	:	اثبات و نفی پبلی کیشنس (مغربی بنگال)
سالِ اشاعت	:	۲۰۲۳ء
تعداد	:	(پرنٹ آن ڈیمانڈ)
طابع	:	تعمیر پبلی کیشنز، حیدرآباد -۲۴
صفحات	:	۱۰۶
کمپوزنگ و سرورق	:	شہلا گرافکس، کانکی نارہ، شمالی ۲۴ پرگنہ (مغربی بنگال)

عناوین

انتساب — ۵
اپنی بات — ۶
تعارفی خاکہ — ۷
اظہارِ تشکر — ۸
نئی تخلیقیت، نئے اظہار — عشرت ظفر — ۹
بلند آہنگ شاعر — علقمہ شبلی — ۱۷
پس منظر — ظہیر غازی پوری — ۱۹
حشم الرمضان۔ شخصیت اور فن — ڈاکٹر معصوم شرقی — ۲۱
فردوسِ گم شدہ — ۲۶
قربانی — ۲۷
پیغمبرِ جہد و عمل — ۲۸
اقبال نامہ — ۳۰
نوجوان بھکارن — ۳۲
طوائف — ۳۴
طوائف کی بیٹی — ۳۶
شہکار — ۳۹
ادھورے سپنے — ۴۰
بانجھ — ۴۵
غالب — ۴۷
غالب سے ہمکلام — ۴۸
ربر ہارت — ۵۰
ٹیڈی گرل — ۵۲
سو گئی شاعری کی دلہن — ۵۵
حجلۂ عروس — ۵۷
نوعروس — ۵۸

وہ ترس	۵۹
آوارہ	۶۰
کل کا ہندوستان	۷۳
کوشش سے تقدیر بدل	۷۵
دیپ جلے دیوالی کے	۷۶
مرد و زن دو جینیوں کے پنجے	۷۹
ترانہ امن	۸۲
بھٹو کا چیلنج	۸۴
پیغمبر السلام	۸۶
مادر ہند (آنجہانی اندرا گاندھی کی خدمت میں نذرانۂ عقیدت)	۸۸
نذر حمایت الغرباء	۸۱
نذر الجمن	۸۳
نذر جریجی لال باجوریا	۸۵
رقاصہ حسن	۸۶
ز فرق تا بقدم	۸۹
برابر کے شریک	۹۲
محبّت فاتحِ عالم	۹۳
مشورہ	۹۴
دوہے	۹۵
تنقید	۹۶
بھوک	۹۸
جانی دشمن	۹۹
ایک آنکھ	۱۰۰
اَدھ مُوئے بن	۱۰۱
حقیقت	۱۰۲
رفیقۂ حیات	۱۰۳

اِنتساب

حکیم عبداللطیف رونق اسلمی شام نگری (مرحوم)

کے

نام

جنہوں نے مجھے شاعری کی ابجد

سکھائی

حشمُ الرّمضان

اپنی بات

میں شاعر ہوں ــــــ ایک فری لانس شاعر۔
میں نے کسی اِزم کی پابندی نہیں کی۔ تجربے اور مُشاہدے
کے روپ میں زمانے نے جو کچھ مجھے دیا اور جن
باتوں سے میں بہت زیادہ متاثر ہوا اُن کے خدوخال اور
قدوقامت کے مُطابق جو جوڑے انہیں سج رہے تھے
میں نے انہیں وہی شعری جوڑے عطا کر دیئے ع

گر قبول اُفتد زہے عزّ و شرف

حشم الرّمضان

اِظہارِ تشکّر

میں شکریہ ادا کرتا ہوں خلفِ ثالث عزیزی جاوید نہال حشمی کا جس نے نہایت عرق ریزی سے اپنی خوشخط تحریر میں میری بیاض سے نظموں اور گیتوں کا مسوّدہ تیار کیا۔

دل کی اتھاہ گہرائیوں سے سپاس گزار ہوں عزیزی ڈاکٹر معصوم شرقی کا جنہوں نے اپنی انتھک کوششوں سے غالب کے شعر

دام، ہر موج میں ہے حلقۂ صدکامِ نہنگ
دیکھیں کیا گزرے ہے قطرے پہ گہر ہونے تک

کے مصداق قطرے کے گُہر بننے تک کے سارے مراحل یکّہ و تنہا بڑی پامردی سے طے کئے۔ نتیجہ "میری نظمیں میرے گیت" کی صورت میں آپ کے ہاتھوں میں ہے۔

حشم الرّمضان

نئی تخلیقیت، نئے اظہار

عشرت ظفر

میں اس خیال کو پیش کرنے میں کوئی ہرج محسوس نہیں کرتا کہ حشم الرمضان کے کلام میں مطالعے کے دوران بار بار یہ احساس ہوتا رہا کہ میرا ذہن زندگی کے ان آمیزوں کے ذائقے سے آشنا ہو رہا ہے جس میں عشق کے کرب کی چاشنی تو ہے لیکن گزرتے ہوئے لمحوں کا گداز بھی ہے میں محسوس کرتا ہوں کہ اس طرح کی شاعری اب اس دور میں نایاب ہے اور احسان مند ہوں ڈاکٹر معصوم شرقی اور عاصم شہنواز شبلی کا جو مجھے ایک ایسی دنیا میں بہلا لے گئے جہاں میں اپنی زندگی اور اپنی سوچ کے ابتدائی نقوش مرتسم کر رہا تھا، وہ سمندر جن کے ساحلوں پر میں برسوں سفر کرتا رہا، آبدار گوہروں کے تموج آب و رنگ سے خاص سرشاری حاصل کرتا رہا گویا وہ نقش اول تھا یعنی اس پر بعد میں جو رنگ چڑھے وہ عارضی تھے۔

میں محسوس کرتا ہوں کہ جناب حشم الرمضان اس باغ کے خوشہ چیں ہیں جسے جوش ملیح آبادی نے لگایا تھا جس سے اردو نظم کو ایک نئی جہت، نئی سکت، نیا لہجہ، نئی بصیرت ملی۔ اس دور میں شعرا اس لہجہ سے اجتناب کر رہے ہیں مگر اس کا بنیادی سبب زبان سے عدم واقفیت ہے جو نہ ہونے کے برابر ہے، فارسی کا خیر ذکر ہی کیا، اردو زبان کے ہی نشیب و فراز سے آج کے شعرا واقف نہیں ہیں پھر آج کی نسل سے کیا توقع کریں کہ وہ "موجد و مفکر" جیسی نظم لکھ سکے گی، الفاظ و تراکیب وضع کر سکے گی اور انہیں تخلیقیت کی آگ عطا کر سکے گی یہاں تک کہ ہمارے دور میں بعض نئی نسل کے شعرا جوش کے کلام کو صحت لفظی کے ساتھ پڑھ ہی نہیں سکتے۔ بہر حال یہ ایک المیہ ہے جس سے انکار ممکن نہیں بلکہ اشک ریزی تک کی جا سکتی ہے کیوں کہ بے بسی کی منزل ہے لیکن اگر

اس صف میں کوئی جیالا اُبھرتا ہے تو قابلِ تعریف ہے، مجھے مسرت ہے کہ حسیم الرحمان نے اس سلسلے میں صرف جرأت ہی نہیں دکھائی بلکہ اپنے افکار کی آتشِ بستہ کو نقطہ نقطہ کے سپرد کر کے انہیں عرفانیت عطا کر دی، وہ شعرا کی ایک نسل سے تعلق رکھتے ہیں جو قدیم ادبیات کا گہرا شعور رکھتی ہے یہی وجہ ہے کہ ان کے یہاں الفاظ کا دروبست ایک خاص اہمیت کا حامل ہے، اُن کے یہاں فرد کی تنہائی یا ذات کے کرب کا المیہ نہیں ہے جو ایک طرح کی خود غرضی پر منتج ہوتا ہے یہ تو ایک مخصوص طبقے کا خیال ہے کہ پوری کائنات کو فرد کے حوالے سے دیکھا جائے، ایسا نہیں ہے انسان کرۂ ارض کا باشندہ ہے اُس کے ساتھ ایک اجتماعی معاشرے کا تصور ہے اگر فرد اپنے آپ میں تنہا ہے تو پھر تنہا زندگی بسر کیوں نہیں کرتا، وہ ایک معاشرے کے ساتھ زندہ رہنے پر مجبور کیوں ہے، ہاں یہ ضرور ممکن ہے کہ انسان حساس ہے، اُس کے گرد و پیش بکھرے ہوئے حالات و افراد اُس کے ذہن سے مطابقت نہیں رکھتے اور وہ خود کو تنہا تنہا سا محسوس کرتا ہے لیکن اس کے باوجود وہ بغیر معاشرے کے جی نہیں سکتا جیسا بھی معاشرہ ہوگا اس سے مفاہمت و مصالحت کرنی ہی پڑے گی، چنانچہ فرد کی تنہائی کا ذکر کرنے والوں نے ایک نظریہ وضع کیا کہ ادب خود مکتفی ہے اسے سماجی تفاعل سے کچھ لینا دینا نہیں، یہ بھی خوب ہے، اگر ادب کو سماجی تفاعل سے کچھ رغبت و واسطہ نہیں تو پھر ادب ہی کیا ہے اس کی قدر و قیمت کیا؟ اس کی حیثیت کیا، اس کی شناخت کیا، تشخص کیا؟ مزید برآں خود تخلیق کار کا تشخص کیا؟ بقول ساحر لدھیانوی ؎

دل کی تسکین بھی ہے آسائشِ ہستی کی دلیل
زندگی صرف زر و سیم کا پیمانہ نہیں
زیست احساس بھی ہے کرب بھی ہے درد بھی ہے
صرف انفاس کی ترتیب کا افسانہ نہیں

ادب کا بنیادی تصور ہی اجتماعیت کا ہے کیونکہ اگر وہ معاشرتی و سماجی کلفتوں، صعوبتوں غم اور نشاط کا آئینہ دار نہیں ہے تو بے معنی ہے

میں اس میدان میں بس اِس حد تک مُفاہمت کرنے کا مزاج رکھتا ہوں کہ اگر یہ اجتماعیت خود کو فرد کے حوالے سے واضح کرتی ہے تو کوئی بُری بات نہیں، لیکن ادب کو سماجی تفاعل سے الگ کر کے تخلیق کرنا ایک طرح حقیقت سے اِغماض ہے۔

ہمارے عہد میں اُردو کے مشہور ناقد شمسُ الرحمان فاروقی نے اس کی سب سے زیادہ تبلیغ و تشہیر کی ان پر امریکی کریٹیسزم کا پیش رَو ہونے کا الزام بھی ہے۔ لیکن میں سمجھتا ہوں کہ اَدب کا سب سے بڑا کام سماجی تفاعل ہے اجتماعیت ہے کیوں کہ اس کرۂ ارض پر انسان جلاوطن ہے، وہ جلاوطنی کے دن کاٹ رہا ہے، گروہ در گروہ رہ رہا ہے اُس نے مختلف قسم کے مُعاشرے بنا رکھے ہیں اور اُنہیں کے تناظر میں وہ اپنی پوری زندگی کے بیوہار کو دیکھتا ہے۔

چنانچہ جب بات اجتماعیت کی آئے گی تو ملک، قوم، مذہب، غمِ حیات، غمِ عشق سب ہی نمودار ہوں گے کیونکہ سب ہی انسانی مُعاشرے کا ایک جزو لازم ہیں اور پھر ان سب کو شعر کے وسیلے سے بیان کرنے والا شاعر منفرد کیوں نہیں سمجھا جانا چاہیئے، اس کی قدر کی جانی چاہیئے اسے وہ منصب دیا جائے جس کا وہ اہل ہے۔

میں نے حشمُ الرمضان کی شاعری میں مختلف رنگ دیکھے ہیں لیکن ان رنگوں کے بیان سے پہلے میں وہ تحریر نقل کرتا ہوں جو انہوں نے اپنی شاعری کے بارے میں لکھی ہے، وہ تحریر بہت سے عُقدے کھولتی ہے نت نئے جہانوں کے سُراغ ملتے ہیں، اس بات کا احساس ہوتا ہے کہ حشمُ الرمضان بالخصوص کسی مکتبِ فکر کے پابند نہیں ہیں وہ ایک سچے تخلیق کار ہیں جو اُن پر گزرتی ہے وہی رقم کرتے ہیں، وہ پُورے انسانی مُعاشرے کے مزاج داں ہیں وہ مُعاشرہ جس کا گراف بہت وسیع ہے وہ انسانی مُعاشرہ جس کا کسی خاص مُلک یا خطّہ سے تعلق نہیں ہے لیکن ان میں ان لوگوں کا ذکر ضرور آتا ہے جن سے اُن کے ذہنی رشتے وابستہ ہیں، انہوں نے اپنی شاعری کے بارے میں یوں لکھا ہے

"میں شاعر ہوں ——— ایک فری لانس شاعر ——— میں نے

کسی ازم کی پابندی نہیں کی۔ تجربے اور مشاہدے کے روپ میں زمانے نے جو کچھ مجھے دیا اور جن باتوں سے میں بہت زیادہ متاثر ہوا اُن کے خدوخال اور قدوقامت کے مطابق جو جوڑے انہیں سج رہے تھے میں نے انہیں وہی شعری جوڑے عطا کر دیئے۔"

اس تحریر کو غور سے پڑھیں پھر اُن کے شعری سرمائے کی طرف توجہ دیں یعنی اس سمندر کی طرف جس کی بے کرانیت اس کی سطح اُفق کو اپنی آغوش میں سمٹتی ہوئی محسوس ہوتی ہے اسی کیفیت نے اُن کی شاعری کو بلندی عطا کر دی ہے۔

حشم الرمضان نے اس عہد میں آنکھ کھولی جب ہندوستان آزادی کے نعروں سے گونج رہا تھا، گاندھی اور نہرو جیسے اہم سیاست داں نوجوانوں کا آئیڈیل تھے۔ انہوں نے ۱۹۵۷ء میں اپنے ایم اے کا متعلم ہونے کا ذکر کیا ہے اس سے اندازہ ہوتا ہے کہ وہ اس وقت بیس ۲۲ بائیس سال کے رہے ہوں گے۔ ظاہر ہے کہ ۱۹۴۷ء میں جب ملک آزاد ہوا ہوگا تو ان کی وادئ شعور و فکر نت نئے قدموں کی آہٹوں سے آباد ہو چلی ہوگی اور ایک تخلیق کار کے لئے مشاہدہ بے حد اہمیت کا حامل ہوتا ہے، پھر زمانۂ طالب علمی سے گزر کر وہ پختہ شعور کی منزل میں آئے تو تخلیقیت کی آگ بہت توانا ہو چکی تھی۔ میں محسوس کرتا ہوں کہ وہ مزاجاً حسن پرست ضرور ہیں مگر صرف شبنم ہی نہیں شعلے بھی برسا سکتے ہیں کیوں کہ ان دونوں کی آمیزش سے ہی زندگی کے تار و پود مکمل ہوتے ہیں اور نئی کروٹ لیتے ہیں چنانچہ ان کی شاعری پر گہرا اثر پڑا وہ جذبۂ حبّ الوطنی سے سرشار تھے، مہاتما گاندھی، پنڈت نہرو، اندرا گاندھی کی شخصیتوں سے بے حد متاثر تھے، انہوں نے اپنی آنکھوں سے ان شخصیتوں کے تعامل و تفکّر کو دیکھا، ظاہر ہے کہ پھر وہ اثرات ان کی شاعری پر کیوں نہ پڑتے لیکن اس کے ساتھ ساتھ حسن شناسی اور عشق کا کرب بھی تھا جو ان کی شاعری ان کے فن کا حصّہ بنتا چلا گیا، چنانچہ ان کا کلام پڑھنے سے اس کا احساس اُبھرتا ہے، وہ خاتون جن سے ان کا نکاح تو ہوا مگر وہ دولہن بن کر ان کے گھر نہ آسکیں، تپِ دق کا شکار ہو کر اس عالمِ فانی سے رخصت ہوئیں۔ اُن سے ان کی بے نہایت محبّت کا اندازہ کیا جا سکتا ہے۔ ایک غیر فانی جذبہ جسے حشم الرمضان نے اپنے اشعار میں ڈھالا اور یہ احساس

مستحکم ہوا کہ وہ اس خاتون کو کبھی بھلا نہ سکے، اُن کے یہاں ایک ایسے عشق کا تاثر پایا جاتا ہے جس میں محرومی یا مایوسی جیسی کیفیت نہیں ہے بلکہ ایک طرح کا گداز ہے اور یہی وہ اثمار شیریں ہیں جو اُن کے افکار عالیہ کے گھنے اور سایہ دار اشجار کی تحویل میں ہیں اس سے متعلق ان کی دو نظمیں " فردوس گم شدہ " اور " قربانی " قابل مطالعہ ہیں۔

میں محسوس کرتا ہوں کہ اگر حشم الرمضان خود کو فری لانس شاعر کہتے ہیں تو اس کا مطلب یہ نہیں ہے کہ وہ اخلاقیات کی حدود سے باہر گئے ہیں، ان کے یہاں حسن کا ایک خاص عرفان ہے یعنی وہ ان میں سے ہیں جو تکلیف جہاں گردی نہیں کرتے بلکہ ایک ذرہ اٹھا کر ہی نبض دنیا کو محسوس کر لیتے ہیں، ان کی نظم "نوجوان بھکارن" جو ایک طرح کی تمثیل ہے بے حد متاثر کرتی ہے اور یہ نظم پڑھ کر مجھے اپنے شاعر دوست زیب غوری کا یہ شعر یاد آیا ؎

چھپائے سے نہیں چھپتی شکستہ حالی بھی
یہ مفلسی بھی کسی شوخ کے شباب سی ہے

انہوں نے حسن کے حوالے سے اپنی نظموں میں محض نشاطیہ پہلو ہی نہیں اٹھائے ہیں بلکہ اس لمحاتی نشاط انگیزی کے عقب میں جو درد و کرب و غم کا سیلاب بڑھا چڑھا چلا آتا ہے اس کی عکاسی اس طرح کی ہے کہ تمام خال و خد نمایاں ہوتے ہیں، اس سلسلے میں "ٹیڈی گرل"، "طوائف" یا "طوائف کی بیٹی" اور "بانجھ" قابل مطالعہ ہیں، جن میں سماج کے پلتے ہوئے ناسوروں کو جس انداز سے اجاگر کیا گیا ہے یہ دراصل حشم الرمضان کی فکر جہاں تاب کا ہی حصہ ہے، مگر حسن اور نشاط حسن اور اس کے تمام تر مثبت پہلو جو ہمیں لطف فراہم کرتے ہیں ان میں "شہکار" "دو ترس" "نوعروس" جیسی اہم نظمیں ہیں۔

حشم الرمضان کی نگاہ زندگی کے تمام پہلوؤں پر ہے۔ وہ عالمی سیاست کے اُتار چڑھاؤ، نشیب و فراز سے خوب واقف ہیں، اعلیٰ سیاسی شخصیتوں کے کردار سے متاثر ہیں اعلیٰ ادیبوں شاعروں کی تخلیقات سے متاثر ہیں اس سلسلے میں ان کی نظم "غالب" کا ذکر بے حد ضروری ہے

جس میں مرزا اسد اللہ خاں غالب سے انہوں نے جس عقیدت کا اظہار کیا ہے وہ اُن کی بلندیِ فکر کا غماز ہے۔ میرا خیال ہے کہ میں نے علامہ اقبال کے بعد غالب سے متعلق ایک اہم نظم کا مطالعہ کیا ہے۔ جس میں غالب کے تئیں بے حد عقیدت اور سچائی کا اظہار ہے، یہ اشعار دیکھئے ؎

تیری پرواز تخیل کو دیکھ کر ہو گئی سرنگوں رفعتِ آسماں
تیری شوخیٔ گفتار کو دیکھ کر نطق کرنے لگا ناز برداریاں
تھا سخن ور بھی تو بے گماں ایک ہی، رازِ الفت کا بھی ایک ہی رازداں
دولتِ حسن کا تھا امیں ایک ہی، شاہدِ حسن کا ایک ہی قدرداں
شاعرِ ترجمانِ حقیقت نے جب گوئٹے کو ترا ہم نوا کہہ دیا
تیری عظمت کا پھر ہو بھلا کیا بیاں، تیرا ہم سر نہیں ہے کوئی بھی یہاں

حشم الرمضان نے اس نظم میں علامہ اقبال کو شاعرِ ترجمانِ حقیقت کہا ہے اس سے پتہ چلتا ہے کہ وہ اقبال سے کس درجہ عقیدت رکھتے ہیں۔ اقبال نامہ، پیغمبرِ جہد و عمل، ان کی اہم نظمیں ہیں جن میں انہوں نے کچھ اس طرح کے اشعار کہے ہیں ؎

وہ تری شعلہ نوائی وہ ترا جوش و خروش
جس سے آتش زیر پا تھا کشتِ کار سخت کوش
تجھ پہ نازل ہوں خدا کی رحمتیں ہر ایک پل
السّلام اے دہر کے پیغمبرِ جہد و عمل

(پیغمبرِ جہد و عمل)

اے مرے اقبال تو ہے شاعرِ یکتا صفات
تیری تصنیفات زریں سے ہیں روشن شش جہات
تجھ سے آیا پہلوی نغموں میں دادِ دی شعور
تجھ سے آئی عالمِ تخلیق میں عجمی زبور

فکر و فن میں ہو سکا کوئی کہاں تیرا عدیل
تو فلک پیما تھا با فیضانِ بالِ جبرئیل
تو نقیبِ حادثاتِ حاضر و آئندہ ہے
تیری فکرِ چرخ پیما زندہ و پائندہ ہے

(اقبال نامہ)

مجھے یہ کہنے میں کچھ باک نہیں ہے کہ حشم الرمضان کا کلام ایک مکان مطبوع ہے جس میں تمام در و دیوار پر تصویریں منقش ہیں اور ایک سحر نگاہ قاری کی نظر ہے کہ جس کی نگاہوں کے لمس سے وہ آمادہ گفتار نظر آئیں اور پھر ان کی جھنکاروں سے تمام کائنات گونج اٹھے بقول میر ؎

چشم ہو تو آئینہ خانہ ہے دہر
منہ نظر آتے ہیں دیواروں کے بیچ

حشم الرمضان ایک دردمند انسان ہیں۔ اُن کی تخلیقات عظیم و بسیط آئینہ ہیں جو اپنے گرد و پیش کے تمام مناظر سمیٹتی ہیں لیکن یہ آئینہ تمام تصویروں کو محفوظ رکھتا ہے گویا آئینہ نہیں بلکہ ایک طرح کا محافظ خانہ ہے جہاں تمام عکس اور تصویریں بے حد تحفظ کا احساس کرتی ہیں۔

حشم الرمضان کا لہجہ بے باک ہے اس میں نرمی بھی ہے حلاوت بھی، کیوں کہ حرفِ حق کی یہی پہچان ہوتی ہے وہ بیک وقت حلاوت و نرمی کا امانت دار ہوتا ہے۔ اس کے دونوں رنگ اپنا اظہار کرتے ہیں مگر مناسب موقع پر، ان کے یہاں گہرا استعاراتی نظام نہیں ہے وہ اپنے قاری کو اُلجھاتے نہیں ہیں، لیکن خاص بات یہ ہے کہ اُن کے اشعار براہ راست دل میں اُترتے ہیں۔ اس کی وجہ ان کا لہجہ ہے اور وہ ذخیرۂ الفاظ جو اُن کے یہاں بکھرا ہوا ہے یہی وہ خصوصیت ہے جو انہیں جوش ملیح آبادی کے بہت قریب لے جاتی ہے اور اس طرح انہوں نے جوش کے مکتبِ فکر سے بہت کچھ حاصل کیا ہے مگر اس میں اپنے قلب کے گداز کو خاص مقام دیا ہے یہ اُن کا بہت بڑا کارنامہ ہے۔

میں محسوس کرتا ہوں کہ آج کے زمانے میں جب اُردو شاعری کس مپرسی کے دَور میں ہے۔ ہمارے عہد کے بیشتر شُعرا اُردو ذخیرۂ الفاظ نہ رکھنے کی وجہ سے ہندی کا سہارا لے رہے ہیں۔ حشم الرمضان کی شاعری اس ایوان میں اس طرح گونج رہی ہے کہ جو رفتہ رفتہ غیر فانی پیکروں میں ڈھلتی جا رہی ہے۔ یہ زنگ جاوداں ہوتے جا رہے، ان کی آب آسانی سے زائل نہیں ہو گی۔ میں اس نقطۂ اختتام پر نظیری نیشاپوری کا ایک شعر پیش کرتا ہوں جو حشم الرمضان کی شاعری اُن کے مزاج اُن کے مشاہدے اور وسعتِ مُطالعہ پر صادق آتا ہے ؎

صد موج را ز رفتنِ خود مُضطرب کُند
موجے کہ بر کنار رَود از میانِ ما

عشرت ظفر
کان پور
۳ جنوری ۲۰۰۰ء

بلند آہنگ شاعر

۱۹۵۲ء میں جب میں کلکتہ آیا تو یہاں کی ہنگامہ خیزی اور مشینی زندگی سے بڑی وحشت ہوئی لیکن اس شہر کی دل آویزی اور یہاں کے لوگوں کے خلوص و محبت نے مجھے اپنا اسیر بنالیا یہاں کے ادبی حلقوں سے متعارف ہونے میں زیادہ دیر نہیں لگی اور شعر و شاعری کی محفلوں میں آنے جانے کا سلسلہ شروع ہو گیا۔

غالباً ۱۹۶۴ء، ۱۹۶۵ء کے آس پاس ایک محفل میں ایک نوجوان شاعر سے اقبال پر اُن کی نظم سُننے کا موقع ملا۔ شاعر کی عمر زیادہ نہیں تھی لیکن وہ بہت اعتماد سے نظم پڑھ رہے تھے۔ الفاظ کا دروبست اپنی جانب متوجہ کر رہا تھا۔ اقبال کے لفظیات اور آہنگ سے استفادے کی شعوری کوشش بھی نظر آرہی تھی۔ یہ نوجوان شاعر حشم الرمضان تھے جو کلکتہ کے مضافات میں رہتے تھے اور چند سال قبل یونیورسٹی کی تعلیم سے فارغ ہوئے تھے۔ اُس کے بعد گاہے گاہے اُن سے مُلاقات ہونے لگی اور ادبی محفلوں میں نظمیں سُننے کا موقع بھی ملتا رہا۔

حشمُ الرمضان صاحب نے ۱۹۵۰ء کے بعد شاعری شروع کی اور ۱۹۵۵ء سے ۱۹۶۹ء تک مُسلسل نظمیں لکھتے رہے۔ شروع میں رومان و محبت ان کی نظموں کا غالب عُنصر رہا اور "فردوسِ گُم شُدہ" "قربانی" "شہکار" "ادھورے سپنے" اور "برہا رُت" جیسی نظمیں وجود میں آئیں۔ اوّل الذکر دونوں نظمیں رفیقۂ حیات کی وفات پر لکھی گئی ہیں اس لئے ان میں ذاتی درد اور رنج احساسات کی فراوانی ہے لیکن جلد ہی اُن کی شاعری کا رُخ رُومان سے حقیقت کی طرف مُڑ گیا اور ادبی، سیاسی اور سماجی موضوعات ان کی نظموں میں جگہ پانے لگے۔ شاعر اقبال کے افکار و اشعار سے بہت متاثر ہے۔

اس مجموعے میں اقبال پر ۲ نظمیں ملتی ہیں اور دونوں بحرِ رمل میں ہیں جس کی خصوصیت بلند آہنگی ہے۔ ایک نظم "غالب" بھی ہے جو غزل کی ہئیت میں ہے اور شاعر کے فکر و فن کے لئے اظہارِ عقیدت و محبّت ہے۔ سیاسی و سماجی موضوعات پر بھی نظمیں مجموعے میں شامل ہیں۔

۱۹۶۹ء کے بعد ان کی نظم نگاری کی رفتار بہت سست رہی۔ غالباً مصروفیتوں نے ان کے اشہبِ قلم کو تیز چلنے کا موقع نہ دیا۔ ان کی زیادہ تر نظمیں پابند ہیں لیکن کچھ آزاد نظمیں بھی شاملِ مجموعہ ہیں۔ دونوں ہی فارم میں اپنے خیالات کے اظہار کا سلیقہ انہیں آتا ہے۔ ایک مختصر سی نظم "تنقید" ملاحظہ ہو:

یہ شعر بہت ہی پیارا ہے
کیوں پیارا ہے
بس پیارا ہے
یہ شعر تو بالکل گھٹیا ہے
کیوں گھٹیا ہے
بس گھٹیا ہے
کیا بات ہوئی؟
نادان ہو تم
تنقید ہے یہ!

حشم الرمضان نظم کے شاعر ہیں۔ نظم جس تنظیمِ خیال اور مرکزیت کی متقاضی ہے انہیں اس کا احساس ہے۔ بیشتر نظموں میں انہوں نے اس کا لحاظ رکھا ہے۔ فارسی سے شغف ہونے کی وجہ سے الفاظ و تراکیب کا انتخاب بھی معنی خیز اور دل پذیر ہے۔ وقت کے ساتھ معنویت و اہمیت کو ہم آہنگ رکھنے کے لئے مجموعے کو بہت پہلے شائع ہونا چاہیئے تھا مگر شاید حالات نے اس کا موقع نہ دیا۔ آرزو ہے کہ اسے شرفِ قبولیت حاصل ہو۔

علقمہ شبلی
۵ر فروری ۲۰۰۰ء

پس منظر

موجودہ عہد میں یہ بات زیادہ اہم اور قابلِ غور ہے
کہ توضیحی شعری زبان میں لکھی جانے والی نظمیں ہر
زمانے میں قارئین کے ایک بڑے حلقے کو متاثر
کرتی رہی ہیں۔ پابند نظموں میں قاری کو متوجہ کرنے والی ترنم ریزی
روانی اور شگفتگی ہوتی ہے۔ اس لئے انہیں
PROSAIC. محض قرار دینا کچھ نقادوں کی مجبوری
ہو سکتی ہے لیکن اس حقیقت سے انکار نہیں کیا جا سکتا
کہ فی زمانہ نثری نظم بھی ایک مستقل صنف کے طور پر مقبول
ہو چکی ہے اور نثری تخلیق میں بھی شعری زبان اور شعری اسلوب
کے وجود کا عرفان حاصل کیا جا چکا ہے۔ میر حسن کی "سحر البیان"
اور مرزا شوق کی مثنوی "زہرِ عشق" بیانیہ نظمیں ہیں تو ہومر کی
CANTERBURY TALES اور ملٹن کی PARADISE LOST,
بھی اسی نوعیت کی نظمیں ہیں جنہیں نہ تو ECRIVANT, کے
ذیل میں رکھا جا سکتا ہے اور نہ EPIC POETRY کا نام
دیا جا سکتا ہے لہٰذا بیانیہ شاعری کے وجود اور اس کی مقبولیت سے

انکار ناممکن ہے۔

"میری نظمیں میرے گیت" کے خالق جناب حشم الرمضان سن رسیدہ، حساس، سادگی پسند اور وضع دار انسان ہیں گوشہ نشینی اور کم گوئی نے ہمیشہ انہیں ایک مخصوص حصار میں قید رکھا۔ وہ مستحکم شعری روایات کے پاسدار اور بیانیہ شاعری کی قوت وسحر کے ہمیشہ قائل رہے۔ لہذا انہوں نے اپنے تجربوں کے اظہار کے لئے وہی راہ اختیار کی جو سودا اور ذوق نے قصائد کے لئے اور دیاشنکر نسیم اور افضل شاہ نے مثنوی کے لئے اختیار کی تھی۔ لہذا زبان کی چاشنی، محاوروں کی دلکشی، فکر کی بلندی اور تشبیہ واستعارہ کا فن کارانہ حسن انکی بیانیہ اور پابند نظموں میں تلاش کیا جاسکتا ہے. جو مختلف مواقع پر ضرورتاً یا عمداً وجود پذیر ہوئی ہیں۔

مجھے امید ہے سخن سازی کے اس مرقع میں خواہ مخواہ جدت، جدیدیت تخلیقیت اور تجریدیت کی تلاش نہیں کی جائے گی اور اسے پوری ہمدردی، توجہ اور یکسوئی سے پڑھا جائے گا، نیز شاعر کے مخلصانہ جذبہ کی قدر کی جائے گی۔

ظہیر غازی پوری

۱۲
۱
۲۰۰۰ء

○

حشم الرمضان ——— شخصیت اور فن

۱۹۳۶ء سے ۱۹۶۰ء تک کا زمانہ تاریخ ادب اُردو کے لئے سنگ میل کی حیثیت رکھتا ہے یہ زمانہ کئی ادبی تحریکات کے زیر اثر رہا۔ لیکن ترقی پسند تحریک کے اثرات کم و بیش سبھی ادبا و شعرا کے کلام پر محیط رہے۔ "گروہ بندی" اور "ازم" سے خود کو بچائے رکھنا کسی قلم کار کے اختیار میں نہیں تھا۔ وہ نظریہ سازی اور رُجحانات کے حصار میں تھے۔ لیکن شعرا کی ایک ایسی جماعت بھی تھی جو اس حصار سے بالاتر تھی اور اس کی حیثیت سبزۂ بے گانہ کی سی تھی۔ انہوں نے روایتوں اور قدروں کی پاسداری تو کی لیکن اندھی تقلید سے گریز کیا۔ بنگال کے شعری منظر نامے میں ایسے شعرا کی تعداد خاصی ہے۔ اُن میں ایک قابلِ قدر اور محترم نام حشم الرمضان ہے۔

بنگال کے اُستاذ شعرا میں حشم الرمضان ایک معتبر نام ہے۔ انہوں نے ۷ ار فروری ۱۹۳۴ء کو گاڑولیہ ۲۴ پرگنہ (شمالی کلکتہ) میں آنکھیں کھولیں۔ کلکتہ یونیورسٹی سے اُردو اور فارسی میں ایم اے کی ڈگریاں حاصل کیں۔ یونیورسٹی سے انہیں ریسرچ اسکالرشپ بھی ملی اور ڈاکٹر محمد زبیر صدیقی مرحوم کی نگرانی میں دو سال تک "فارسی ادب میں ہندوستانی خیالات" پر تحقیق بھی کی لیکن نامساعد حالات کے باعث اُن کا گراں قدر مقالہ تکمیل کو نہ پہونچ سکا۔

حشم الرمضان صاحب کو شعر و سخن کا ذوق زمانہ طالب علمی سے تھا۔ اہل ادب کی صحبت اور وسیع مطالعے کی بنا پر وہ بہت جلد حلقۂ ادب میں روشناس ہو گئے۔ ۱۹۵۴ء سے شعر گوئی کی ابتدا کی۔ چوں کہ فطری طور پر اُن کا مزاج شعر گوئی کے لئے موزوں تھا اس لئے انہیں کسی دقت کا سامنا نہیں کرنا پڑا۔ ابتدا میں انہوں نے حضرت شاکر کلکتوی مرحوم سے مشورۂ سخن کیا لیکن یہ سلسلہ کچھ زیادہ دنوں تک برقرار نہ رہا اور

اپنے ذوقِ سلیم پر اعتماد کے سہارے شعر کہنے لگے۔
حشم الرمضان صاحب شہرت سے بے نیاز اور گوشہ نشین واقع ہوئے ہیں انہوں نے نشر و اشاعت میں کبھی دلچسپی نہیں لی۔ عقیدت مندوں کے اصرار پر ماہنامہ سب رس (حیدر آباد) اور ماہنامہ شاعر (ممبئی) کو وقفے وقفے سے اپنی نگارشات بغرض اشاعت بھیجتے رہے۔
فن و شعر کے میدان میں انہوں نے کئی فعال ذہنوں کی آبیاری کی اور کئی ممتاز شاگردوں کو ادبی منظرنامے پر پیش کیا جنہوں نے اردو ادب میں اپنی شناخت قائم کی۔ راقم الحروف کے علاوہ واقف رزاقی، وفا سکندر پوری، دل عرفانی، نور اقبال اور زماں قاسمی کے نام خصوصیت سے پیش کئے جاسکتے ہیں۔
شمالی ۲۴ پرگنہ کی مشہور درس گاہ چشمہ رحمت ہائر سکنڈری اسکول میں پینتیس ۳۵ سال تک ایک لائق و فائق استاذ کی حیثیت سے ان گنت طلبا و طالبات کو زیورِ علم سے آراستہ کرنے کے بعد ۲۸ فروری ۱۹۹۴ کو سبکدوش ہوئے۔
حشم الرمضان صاحب ایک شریف النفس، نیک باطن، دردمند اور انصاف پسند انسان ہیں۔ مذہب، معاشرہ، سیاست اور قدیم ادبیات کے عمیق مطالعے کا ثبوت ان کی شاعری میں جگہ جگہ ملتا ہے۔
حشم الرمضان صاحب کسی مکتبِ فکر کے پابند نہیں ہیں۔ وہ ایک قادر الکلام شاعر ہیں۔ جو کچھ دیکھتے ہیں اور ان پر جو گزرتی ہے اُسے من و عن رقم کر دیتے ہیں۔ انہوں نے جا بجا اپنی نظموں سے معاشرے کی فوٹوگرافی کی ہے۔ وہ جس معاشرے میں سانس لیتے ہیں اُس کے مزاج داں ہیں۔ اُن کے یہاں حُسن کا ایک خاص عرفان ملتا ہے۔ وہ حُسن کے حوالے سے اپنی نظموں میں صرف نشاطیہ پہلو ہی نہیں ڈھونڈتے بلکہ اس کے پہلو بہ پہلو درد و غم اور کرب کا اظہار بھی کرتے ہیں۔ 'ٹیڈی گرل'، 'طوائف'، 'مٹی کی بیٹی'، 'بانجھ' اور 'شہکار' جیسی شاہکار نظموں میں ایسی کیفیات پائی جاتی ہیں۔ ان نظموں کے ذریعہ انہوں نے سماج کے چلتے ہوئے ناسور کو اُجاگر کیا ہے۔
جہاں تک عورت کا تعلق ہے اُس سے دُنیا کی اسّی فی صدی

شاعری متاثر ہے۔ حشم صاحب کا متاثر ہونا بھی لازمی ہے۔ عورت اُن کے یہاں ایک نگینہ کی طرح قوس قزح بن کر رنگ بکھیرتی ہے۔ عورتوں کے استحصال پر انہوں نے بڑی فکر انگیز نظمیں کہی ہیں مثلاً نوجوان بھکارن، بانجھ اور آوازہ، میں عورت کے تقدس کی پامالی کی تصویر پیش کی ہے جس کی ذمہ داری سراسر آج کے سڑے ہوئے سیاسی اور سماجی نظام کے ٹھیکیداروں کے سر جاتی ہے۔

طوائف کی زندگی کے پس منظر میں بے شمار نظمیں کہی گئی ہیں لیکن حشم الرّمضان صاحب کی نظم "طوائف" اور "طوائف کی بیٹی" اپنی انفرادی حیثیت رکھتی ہیں۔ یہ نظمیں خوبصورت الفاظ سے آراستہ اور سادگی و سلاست کا پیکر معلوم پڑتی ہیں۔

تیری رضا پہ خود کو فدا کر رہی ہوں میں ٭ تاوانِ مفلسی کا ادا کر رہی ہوں میں
تیرا ہی خون، تجھ کو عطا کر رہی ہوں میں ٭ تجھ سے سماج، میرا یہی انتقام ہے

(طوائف)

وہ بنتِ تن فروش وہ زخمِ معاشرہ ٭ اک داغ تھی جبینِ تقدس پہ بدنما
لیکن یہ اس غریب کی ہرگز نہ تھی خطا ٭ اس کو تو آج بھی تھا یہ دھڑکا لگا ہوا

"آغوش میں ہو جس کی مرا جسم مرمریں
وہ میرا باپ، میرا ہی بھائی نہ ہو کہیں"

(طوائف کی بیٹی)

اپنی رفیقۂ حیات کے انتقال پر انہوں نے ایک پُرسوز نظم بعنوان "فردوسِ گم شدہ" کہی ہے جو والہانہ جذبات و احساسات کا ایک سمندر لئے ہوئے ہے۔ یہ نظم ان کی اپنی زندگی کے المیئے کی صدائے بازگشت ہے۔

"غالب" اور "اقبال نامہ" حشم صاحب کی شاہکار نظمیں ہیں۔ مفکرِ اسلام شاعرِ ملت علامہ اقبال اور غالب کے حضور میں انہوں نے نہایت پُرخلوص انداز میں زبردست خراجِ عقیدت پیش کیا ہے۔ ان نظموں کا ڈکشن، الفاظ، تراکیب، تلمیحات اور آہنگ سے رنگِ غالب اور رنگِ اقبال صاف جھلکتا ہے۔

ان کے یہاں ذخیرۂ الفاظ بکھرا ہوا ہے۔ وہ الفاظ کے

دروبست سے اچھی طرح واقف ہیں۔ یہی وہ خصوصیت ہے جو انہیں جوش کے بہت قریب لے جاتی ہے۔ ان کی نظموں کے آہنگ اور اسلوب سے صاف واضح ہوتا ہے کہ وہ جوش سے کافی متاثر ہیں اور جوش کا بہت گہرا اثر قبول کیا ہے۔ ان کی نظموں میں جوش کی بازگشت سنائی دیتی ہے۔ وہ اقبال اور جوش دونوں کے دلدادہ ہیں۔

حشم الرمضان صاحب کی نظموں میں حسن و عشق کی نفسیات کے وافر نمونے ملتے ہیں۔ اُن میں مانوس تشبیہیں، استعارے اور ذخیرۂ الفاظ کی بہتات ہے۔ وہ نظم کی ہیئت کا شعور رکھتے ہیں۔ اُن کے شعور احساس اور ذوق جمال نے خوب صورت نظموں کے پردے میں بات پیدا کی ہے۔ ان کی نظموں میں سرمستی، بدمستی، عشق کی باتیں اور ایک رچا ہوا جمالیاتی احساس ملتا ہے۔ زبان و بیان پر ان کی گرفت مضبوط ہے۔ جا بجا ہندی الفاظ کا برمحل اور موزوں استعمال بھی ان کی نظموں کو انوکھا پن عطا کرتا ہے۔ فارسی الفاظ کے استعمال سے وہ اشعار کو رواں، چست اور مربوط بنا دینے کا ہنر جانتے ہیں۔

حشم صاحب اعلیٰ سیاسی شخصیتوں کے کردار سے بہت متاثر ہیں۔ پیغمبر السلام (نہرو) اندرا گاندھی اور ذوالفقار علی بھٹو کامیاب ترین نظمیں ہیں جن میں انہوں نے اپنی نظموں سے قومی یکجہتی کو تقویت پہونچانے کی کامیاب کوشش کی ہے۔ انہیں اپنے وطن عزیز سے والہانہ لگاؤ ہے۔ اس ضمن میں ان کی نظم "مرو دو چینیوں کے پنجے"، "ترانۂ امن" "برابر کے شریک" اور "دیپ جلے دیوالی کے" بطور مثال پیش کی جاسکتی ہیں۔

حشم الرمضان صاحب کی شاعری کی زندگی بہت طویل ہے۔ نظموں کے مقابلہ میں اچھی غزلیں کہنے کی ان میں پوری صلاحیت ہے۔ وہ ایک کامیاب غزل گو کی حیثیت سے بھی سامنے آئے۔ اس موضوع کو آئندہ کے لئے اُٹھا رکھتا ہوں لیکن ایک بات بتاتا چلوں کہ اُن کی فنی شخصیت کا دوسرا رُخ ان کی نثر نگاری بھی ہے۔ ان کے متعدد علمی و تحقیقی مضامین ملک کے مقتدر رسائل میں شائع ہو کر خراج تحسین حاصل کر چکے ہیں۔ اس کے علاوہ انہوں نے بچّوں کے لئے

بھی نظمیں کہی ہیں۔ "ترانۂ امن" "کل کا ہندوستان" "اور کوشش سے تقدیر بدل" کامیاب نظمیں ہیں۔ ان نظموں میں ایک پیغام، نیک عمل کی تلقین اور جذبۂ حُبّ الوطنی موجود ہیں۔

"نظم دراصل وہی صحیح معنوں میں نظم کہلانے کی مستحق ہو گی جس میں بالیدگی ہو، ابتدا، اوسط اور انتہا ہو اور ہر جزو اس طرح کُل میں ختم ہو جائے کہ کہیں سے جھول نہ معلوم ہو۔"

مجنوں گورکھپوری

ذہن جدید (جدید نظم نمبر صفحہ ۶۲)

میرے خیال کے آئینے میں متذکرہ بالا اقتباس حشم الرمضان صاحب کی نظمیہ شاعری پر منطبق ہوتا ہے۔ خدا سے دعا ہے کہ اُن کی بقیہ کتابیں جو اشاعت کی منتظر ہیں مستقبل قریب میں زیورِ طباعت سے آراستہ ہو کر منظرِ عام پر آجائیں۔

کمترین

ڈاکٹر معصوم شرقی

جنوری ۲۰۰۰ء

فردوسِ گم شدہ

(حسینہ[۱] کی یاد میں، جسے بھلانا ممکن نہیں ہے)

کسے پھر یاد آؤں گا میں اکثر
کسے میں منتظر پاؤں گا اپنا
بنوں گا دھڑکنیں کس آسرے کی
کہاں ہے اس کی آغوشِ تصوّر
خلاؤں میں بھٹک کر تھک تھکا کر
مری تصویر جھنجھلانے لگی ہے
مجھے بے طرح تڑپانے لگی ہے
وہی اک چاہنے والا رہا تھا
اُسی سے شوق کی وابستگی تھی
مگر اب تو یہ اپنا حال ہوگا
کہ ہر ذوقِ طلب پامال ہوگا

○

---

(۱) میری رفیقۂ حیات جسے میں نے پہلی اور آخری بار عالمِ نزع میں دیکھا اور جو ۲۸ جنوری ۱۹۵۷ء کو مجھ سے ہمیشہ ہمیشہ کے لئے جدا ہو گئی۔ خدا اسے غریقِ رحمت کرے۔ آمین!
(حشم)

قربانی[1]

ایک آواز سی آتی ہے مرے کانوں میں
”منتظر رہ گئی بےتاب جوانی میری
قبلِ آغاز ہوئی ختم کہانی میری
گو مجھے تُو نے لگایا نہ کبھی سینے سے
پھر بھی مایوس کبھی میں نہ ہوئی جینے سے
میں نے ہر حال میں کی تیری پرستش دلبر
اور ہر دم رہی میری یہی کوشش دلبر
تیری تعلیم کی راہوں میں نہ حائل ہوؤں
تو نہ مائل بہ کرم ہو نہ میں سائل ہوؤں“

○

---

[1] سنہ ۱۹۵۱ء میں جب کہ میں دسویں جماعت کا متعلم تھا حسینہ سے میرا نکاح بایں شرط ہوا کہ میری تکمیلِ تعلیم کے بعد وہ دُولہن بن کر میرے گھر آئے گی۔ سنہ ۱۹۵۷ء میں جب میں ایم اے کا متعلم تھا، بے چاری نے طویل انتظار کے بعد ٹی بی کے مُوذی مرض میں گرفتار ہو کر دل میں دُولہن بننے کی حسرت لئے پیکِ اجل کو لبیک کہا۔ خُدا مرحومہ کو غریقِ رحمت کرے (حشم)

پیغمبرِ جہد و عمل

(بحضور علاّمہ اقبالؒ)

شاعرِ مشرق، حکیمِ قوم، حق کے راز دار / کر دیا پیراہنِ باطل کو تو نے تار تار
قوم کی ناگفتہ بہ حالت سے تھا دلگیر تو / کھینچتا تھا درد و غم سے نالۂ شب گیر تو
ذلت و بربادیٔ اُمّت سے تو رنجور تھا / سنگِ درد و غم سے تیرا شیشۂ دل چُور تھا
زندگی کا راز تو نے خضر سے حاصل کیا / قوم پر جہد و عمل کا فلسفہ نازل کیا
قوم جو صدیوں سے بے بہرہ تھی سوز و ساز سے / ہوگئی سرگرم تیرے شعلۂ آواز سے
مسلموں پر تو نے افشا رازِ ہستی کر دیا / اُن کے قلبِ خستہ کو جوشِ عمل سے بھر دیا
قوم جو سرگوشیاں کرتی تھی خوابِ ناز سے / ہوگئی بیدار تیرے شعر کے اعجاز سے
تو نے ایمان و یقیں کو پھر سے تازہ کر دیا / دینِ ختم المرسلیں کو پھر سے تازہ کر دیا
قوم کی مُردہ رگوں میں جان تجھ سے آگئی / ملّتِ بیضا میں اگلی شان تجھ سے آگئی
دیکھ کر تیرے جنون و عشق کی سرمستیاں / رہ گئیں ششدر خرد کی مصلحت اندیشیاں
کر دیا تو نے یقین و عشق کا وہ راز فاش / سینۂ عقل و گماں میں پڑ گئی جس سے خراش

عشق کا تو نے جہاں میں شور پیدا کر دیا
کعبۂ دل میں یقیں کا زور پیدا کر دیا

وہ تری شعلہ نوائی وہ ترا جوش و خروش / جس سے آتش زیر پا تھا کشتکار سخت کوش
شق تھا قلبِ عرش تیرے نالۂ شب گیر سے / بحر و بر لرزاں تھے تیرے نعرۂ تکبیر سے
تو نے ہی توڑا تھا افرنگی سیاست کا فسوں / گر پڑے تھے منہ کے بل سارے بتانِ رنگ و خوں
ذرۂ بے مایہ کو تاباں کیا خورشید وار / تو نے قطرے کو کیا اک بحرِ ناپید اکنار

تُو نے بے مایہ کو شاہیں کی عطا پرواز کی
دی کبوتر کو نگاہِ تیز بیں شہباز کی

آفریں تیری خودی کی جرأتِ ذی جاہ پر
خاک کا ذرّہ کمند افگن ہے مہر و ماہ پر

تجھ سے ظاہر بے قراری تجھ سے پیدا اضطراب
تجھ سے طفلی میں جوانی تجھ سے پیری میں شباب

تو نے دے دی لیلیٰ تدبیر کو وہ دلبری
ختم ہو کر رہ گئی تقدیر کی جادوگری

"پھونک ڈالے یہ زمین و آسمانِ مستعار"
تیری اس ترغیب سے انساں ہوا گردوں وقار

تو نے کی انسان کی تعریف کچھ اس ڈھنگ سے
ہو گئے آزاد سب زنجیر نسل و رنگ سے

تو نے دی وہ رفعت پرواز مشتِ خاک کو
سرنگوں پیشِ زمیں ہونا پڑا افلاک کو

تیری صہبائے خودی کا پی کے جرأت بخش جام
ہو گیا انسان ذاتِ کبریا سے ہم کلام

مردِ مومن کا تصور عام تو نے کر دیا
مردِ حق کو ضیغمِ اسلام تو نے کر دیا

بندگی بھی تیری محوِ کیفِ استغنا رہی
اشرف المخلوق کی شانِ انا پیدا رہی

حلقۂ آفاق میں ایسی کوئی بھی جا نہ تھی
آشنا جس سے تری فکرِ فلک پیما نہ تھی

حادثہ وہ جو ابھی تھا پردۂ افلاک میں
عکس تھا اس کا ترے آئینۂ ادراک میں

مردِ خود آگاہ تھا تو تجھ سے پیدا تھی خودی
تیرے عزم و فکرِ مستحکم پہ شیدا تھی خودی

آشنا تھی ذات تیری سورۂ لولاک سے
والہانہ عشق تھا تجھ کو رسولِ پاک سے

تیرے لفظوں کے صدف میں گوہرِ ایماں تھا
منبع و مخرج ترے افکار کا قرآن تھا

تجھ پہ نازل ہوں خدا کی رحمتیں ہر ایک پل
السلام اے دہر کے پیغمبرِ جہد و عمل

اِقبال نامہ

اے مرے "اقبال"، تُو ہے شاعرِ یکتا صفات
تیری تصنیفاتِ زرّیں سے ہیں روشن شش جہات

تجھ سے آیا پہلوی نغموں میں داؤدی شعور
تجھ سے آئی عالمِ تخلیق میں "عجمی زبور"
جب ترے فکر و عمل کو نطقِ خامہ مل گیا
دفترِ ہستی کو اک "جاوید نامہ" مل گیا
جب ہوا مقصود تیرے دل کو اظہارِ خودی
فاش ہو کر رہ گئے سربستہ "اسرارِ خودی"
قوم نے تیری بُھلا دی جب سلف کی داستاں
تیرا رہوارِ قلم لایا "حجازی ارمغاں"
برسرِ پیکار تھے آپس میں فرد و اجتماع
تو نے حل کر دی "رموزِ بے خودی" سے یہ نزاع
دیکھ کر مغرب کے قول و فعل میں سنگین فرق
تو نے پوچھا "پس چہ باید کرد اے اقوامِ شرق"

چاہتا تھا گوئٹے[1] مغرب میں رُوحانی نظام
حسبِ خواہش تو نے بھیجا اس کو "مشرق کا پیام"
جب مُسافر قافلے کے سو گئے غافل ذرا
ہو گئی فوراً خروشندہ تری "بانگِ درا"
ہے عصائے شعر سے تیرے یم عالم دونیم
خاتمِ فرعونِ دوراں ہے تری "ضربِ کلیم"
فکر و فن میں ہو سکا کوئی کہاں تیرا عدیل
تو فلک پیما تھا با فیضانِ "بالِ جبرئیل"

تو نقیبِ حادثاتِ حاضر و آئندہ ہے
تیری فکرِ چرخ پیما زندہ و پائندہ ہے

○○

---

[1] گوئٹے ایک المانوی شاعر جس کی تصنیف "سلامِ مغرب" کے جواب میں علامہ مرحوم نے "پیامِ مشرق" لکھا تھا (ختم)

نوجوان بھکارن

تمثیل

ابھی ابھی تو گئی ہے کوئی حسیں ریکھا — ابھی ابھی تو وہ مستِ خرام گزری ہے
ہر اک ادا پہ ہو اس کی نثار موجِ رواں — وہ خوش خرام بہ ایں اہتمام گزری ہے

○

ابھی ابھی ہی تو گزری ہے کوئی مس میری — وہ ایک حور شمائل نگار تھی بالکل
بہ فیضِ عارضِ گلفام و گیسوئے مشکیں — وہ گلستانِ ارم کی بہار تھی بالکل

○

ابھی ابھی کوئی شہناز بھی گئی ہے ادھر — سرور و کیف زا آنکھوں کے جام چھلکائے
جبین و فرق پہ رخشاں مہ و نجوم کئے — حسین و مرمریں شانوں پہ شام ڈھلکائے

○

اِستدلال

بس اک نگاہِ پُر از اشتیاق کی خاطر — عیاں حسینوں نے خطِ تن کا کون سا نہ کیا
مگر بُرا ہو اس آشوبِ حُسنِ عریاں کا — کسی نظر نے تماشے کا حق ادا نہ کیا

○

غضب نہیں کہ جواں سال منچلوں کی نظر
شکنجِ ورطۂ حیرت میں پا بہ گیر رہی
نگاہِ پیرِ ریاکار و بوالہوس بھی عجب
کہ دامِ دُزد نگاہی میں ہی اسیر رہی

بے چارگی

مرے خرام میں ان سرو قامتوں کی طرح
کوئی ادا کوئی اندازِ دل نواز نہیں
میں ایک بے کس و بے خانماں بھکارن ہوں
کثیف تن مرا ہرگز نظر نواز نہیں

○

مگر یہ دیکھ کے حیرت میں پڑ گئی ہوں میں
کہ بے شمار نگاہیں مجھی کو تکتی ہیں
میں لاکھ دامنِ عصمت بچا کے پھرتی ہوں
لویں حریص نگاہوں کی آ لپکتی ہیں

○

شباب یوں بھی چھپائے سے چھپ نہیں سکتا
یہاں تو چاکِ گریباں سے پھوٹ پڑتا ہے
خلوص و رحم و مروت کی آڑ میں مجھ پر
ہر اک حریص و ریاکار ٹوٹ پڑتا ہے

○

یہی قصور ہے میرا یہی خطا ہے مری
کہ بے کسی میں جواں سال ہو گئی ہوں میں
خدا نے کاش جوانی عطا نہ کی ہوتی
اسی کی ذات سے پامال ہو گئی ہوں میں

○

میں کیا کروں، کہاں جاؤں، کسے کہوں اپنا
کوئی بھی تو مرے دکھ درد کا شریک نہیں
میں بن نہ جاؤں کہیں تیرے جسم کا ناسور
سماج! ہوش میں آ، دیکھ بات ٹھیک نہیں

◎

طوائف

میں کیا بتاؤں کون ہوں کیا میرا نام ہے
میرا مقام و نام تو معروفِ عام ہے

بے کس، غریب، مفلس و مجبور تھی میں کل
ظلم و جفا و جبر سے رنجور تھی میں کل
دُنیائے ہست و بُود میں مقہور تھی میں کل
اور آج میری تیغِ ستم بے نیام ہے
میں کیا بتاؤں کون ہوں کیا میرا نام ہے

اِک دن تھے وہ نہ جب کوئی پُرسانِ حال تھا
اِک دن تھے وہ کہ وا مرا دستِ سوال تھا
اِک دن تھے وہ کہ جب مِرا جینا محال تھا
اِک دن ہیں یہ کہ زیست مِرے زیرِ دم ہے
میں کیا بتاؤں کون ہوں کیا میرا نام ہے

لعل و جواہرات سے اب کھیلتی ہوں میں
دولت کی کائنات سے اَب کھیلتی ہوں میں
ہاں، حاصلِ حیات سے اب کھیلتی ہوں میں
ہاتھوں میں میرے مرکبِ زر کی زمام ہے
میں کیا بتاؤں کون ہوں کیا میرا نام ہے

تمثالِ مہر و ماہ مِری نقرئی جبیں
میرا جمال دیکھ کے زہرہ بھی چیں بہ چیں
دنیائے کبر و ناز کی میں ہوں نازنیں
جس کی اَدا کا ایک زمانہ غلام ہے
میں کیا بتاؤں کون ہوں کیا میرا نام ہے

میری نوازشات کے چرچے ہیں چار سُو
گردش میں ہے مدام مِرے حسن کا سبُو
جنّت بہ خندہ زن ہے مری بزمِ رنگ و بُو
ہونٹوں کے انگبیں کا مِرے فیض عام ہے
میں کیا بتاؤں کون ہوں کیا میرا نام ہے

نغموں پہ ساز و چنگ کے جب ڈولتی ہوں میں — کانوں میں رس سرود کا جب گھولتی ہوں میں
سربستہ رازِ عیش و طرب کھولتی ہوں میں — آواز پر فدا مری، حسنِ کلام ہے
میں کیا بتاؤں کون ہوں کیا میرا نام ہے

لہرا گئی کبھی جو مری زلفِ مشک بو — ڈھلنے لگی شراب چھلکنے لگے سبو
مے خانۂ طرب ہوا سرگرمِ ہاؤ ہو — ایسے میں تشنہ لب نہ کوئی تشنہ کام ہے
میں کیا بتاؤں کون ہوں کیا میرا نام ہے

محتاج ہو رہوں کسی بارات کے لئے — ہرگز روا نہیں یہ مری ذات کے لئے
میں تو عروسِ نو ہوں ہر اک رات کے لئے — آغوش نو بنو مری جائے قیام ہے
میں کیا بتاؤں کون ہوں کیا میرا نام ہے

وقتِ درودِ شب بہ ہمہ حسن دل پذیر — ہوں سوتنی کسی کی کبھی تو کسی کی ہیر
اس کی نظر میں بھی ہوں میں اک حورِ بے نظیر — جو صبح کو فقیہہ و خطیب و امام ہے
میں کیا بتاؤں کون ہوں کیا میرا نام ہے

تاریک شب کی اوٹ میں آکر مرے یہاں — ہوتے ہیں میرے عارض و گیسو کے وِرد خواں
کچھ ایسے ایسے عابد و زاہد کہ الاماں! — ان پر خیالِ خام بھی لانا حرام ہے
میں کیا بتاؤں کون ہوں کیا میرا نام ہے

تیری رضا پہ خود کو فدا کر رہی ہوں میں — تاوانِ مفلسی کا ادا کر رہی ہوں میں
تیرا ہی خون تجھ کو عطا کر رہی ہوں میں — تجھ سے سماج، میرا ہی انتقام ہے
میں کیا بتاؤں کون ہوں کیا میرا نام ہے
میرا مقام و نام تو معروفِ عام ہے

طوائف کی بیٹی

بازارِ حسن کی وہ متاعِ گراں بہا
ہر مشتری کے دل کا جو تھی عینِ مدّعا
وہ بنتِ مہر و ماہ وہ پروردۂ ضیا
محفل میں ہو رہی تھی بصد ناز رُو نما
رقصاں حریمِ ناز میں ہونے کو جام تھا
دلدادگانِ عیش کا اِک اژدحام تھا

گیسوئے عنبریں کی مہک کچھ نہ پُوچھئے
رُخسارِ آتشیں کی دمک کچھ نہ پوچھئے
رفتار میں کمر کی لچک کچھ نہ پوچھئے
گُفتار میں لبوں کی کھنک کچھ نہ پوچھئے
صنّاعِ لایزال کا اِک شاہکار تھی
نازاں ہوں جس پہ لوح و قلم وہ نگار تھی

چہرے کو بے نقاب جو وہ مہ لقا کرے
سجدہ نیاز کامِ کامل ادا کرے
شانوں پہ منتشر جو وہ زلف دوتا کرے
کیا حوصلہ کہ سامنا کالی گھٹا کرے
چہرے پہ اُس کے صُبحِ بنارس کا نُور تھا
زلفوں میں اس کی شامِ اودھ کا ظہور تھا

گُل پیرہن تھی گُلبدن و گلعذار تھی
امواجِ رنگ و نُور کا اِک جوئبار تھی
جانِ چمن تھی، رُوحِ نوائے ہزار تھی
فصلِ خزاں سے دُور سراپا بہار تھی
پھُولی ہوئی شفق تھی رُخِ لالہ فام میں
مُشکِ خُتن اسیر تھا زلفوں کے دام میں

چشمِ سیہ میں سحر کا تھا سیلِ بے پناہ
کوزے میں گویا بند تھا اِک قُلزمِ سیاہ
جس سمت اس نے ڈال دی ایک برق دم نگاہ
پَل بھر میں جل کے خرمنِ دل ہو گیا تباہ
آنکھوں میں کفر و دیں کا عجب امتزاج تھا
اقلیمِ شب میں نیّرِ تاباں کا راج تھا

وقتِ خرامِ ناز تنفّس کا زیر و بم
جیسے رباب و چنگ کی آواز ہو بہم
افسوں وہ چال میں کہ اِک عالمِ ہو کالعدم
محشر بپا ہو اِک ذرا بہکے اگر قدم
انگڑائیوں کی زد میں جو آیا کبھی شباب
اس بُت کے انگ انگ سے رسنے لگی شراب

چہرہ یہ اُس کے نُور کا دریا تھا موج زن
یا آفتاب تھا یمِ سیمیں میں غوطہ زن
اس درجہ شوخ تھا رُخِ تاباں کا بانکپن
ماہِ تمام کی تھی پشیماں کرن کرن

عالم تھا اُس کے رُخ پہ عجب رنگ و نُور کا
جلوہ تھا گویا پھر سے عیاں کوہِ طور کا

سچ بات تو ہے یہ کہ یہ اِک حُسنِ بے پناہ
وہ تھی کسی رئیس کا پوشیدہ اِک گناہ
دَریوزہ گر تھے جس کی جبیں کے مہر و ماہ
وہ حُسن کوئی دم میں تھا ہونے کو رُوسیاہ

اَلقصّہ اس کے جسم کا نیلام آج تھا
بَرپا حریمِ حُسن میں کہرام آج تھا

اب تک تو اس کا جسم بھی عصمت مآب تھا
دوشیزگی کا اس پہ ابھی تک حجاب تھا
تُلنے کو سیم و زر میں مگر اَب شباب تھا
پنہاں نگاہِ ناز میں اِک اضطراب تھا

نَورَس کلی تھی، خدشہ بادِ سَموم تھا
بھونروں کا، اس کے گرد بَلا کا ہجوم تھا

وہ بنتِ تن فروش وہ زخمِ مُعاشرہ
اِک داغ تھی جبینِ تقدّس پہ بدنُما
لیکن یہ اُس غریب کی ہرگز نہ تھی خطا
اس کو تو آج بھی تھا یہ دھڑکا لگا ہوا

"آغوش میں ہو جس کی مِرا جسمِ مَرمَریں
وہ میرا باپ، میرا ہی بھائی نہ ہو کہیں"

OO

شہکار

اللہ رے تری سرکشی و سرشار جوانی — جیسے کسی چشمے سے اُبلتا ہوا پانی
رُخسار کہ ہے سورۂ والشمس کی تفسیر — گیسو کہ ہے طولِ شبِ یلدا کی کہانی
وہ تیرے خد و خال کہ منھ دیکھتی رہ جائیں — پُرکاریٔ بہزاد[1] و فسوں کاریٔ مانی[2]
آئے جو ترے قامتِ بالا کے مقابل — حاصل نہ ہو کچھ سرو کو غیر از پشیمانی
تیرا ہی کہیں حسن کا جادو تو نہیں یہ — مشہور جہاں ہو گئی پریوں کی کہانی
صادق ترے دنداں پہ مگر آتی ہے بالکل — ہر چند کہ موتی کی ہے تشبیہ پُرانی
آجائے کبھی تو جو خراماں لبِ ساحل — تھم جائے ٹھٹھک کر وہیں موجوں کی روانی
ایسا نہ ہو جل جائے ترے شعلۂ رُخ سے — لالے نے عبث تجھ سے تقابل کی ہے ٹھانی
اظہارِ لطافت کا تری ہو بھی تو کیوں کر — حامل نہیں اس بار کے الفاظ و معانی
واللہ یہ جدّت ترے انداز و ادا کی — دیکھیں تو مچلنے لگیں اشعارِ فغانی[3]
اک طُرفہ تکلّم ہے تری جنبشِ ابرو — اجمال کا اجمال، کہانی کی کہانی
مُرغانِ نوا سنج ہوئے غرقِ تحیّر — وہ تیری دمِ سیرِ چمن زمزمہ خوانی
حافظ نے تو بخشا تھا سمرقند و بخارا — میں تِل کے عوض دوں تجھے اورنگِ جہانی
بندھ جائے تری زلف تو ہو جلوہ نگن صبح — کُھل جائے تو ہو سایہ فگن شامِ سہانی
بخشی ہے ترے حسن کے شاداب چمن کو — شبنم نے تر و تازگی پھولوں نے جوانی
ممکن نہیں کہ محوِ تکلّم تو رہے اور — سَو جان سے قُربان نہ ہو شیریں زبانی
ہے حسنِ پُر آشوب میں تیرے وہ ہُویدا — جو سینۂ فطرت میں ہے اک رازِ نہانی
اللہ رے سراپا کی ترے بوقلمونی — عاجز ہے بیاں سے مری رنگین بیانی

القصہ تو خالق کا وہ شہکار ہے جس کا
اس عالمِ فطرت میں نہیں کوئی بھی ثانی

[1] ایک معروف ایرانی نقاش [2] ایک معروف رومی نقاش [3] ایک مشہور فارسی شاعر۔

ادھورے سپنے

(۱)

لٹاؤ تکلّم کے موتی لٹاؤ
خموش آج تم کس لئے ہو بتاؤ

زمانے کے بعد اک تو تم آ رہے ہو
مزید اس پہ یہ کیا ستم ڈھا رہے ہو
نہ کہنا نہ سننا چلے جا رہے ہو
نہ جاؤ خدارا ابھی تم نہ جاؤ
خموش آج تم کس لئے ہو بتاؤ

ابھی تو گھٹاؤں نے سایہ کیا ہے
ابھی تو فضاؤں میں نشّہ گھلا ہے
چلے جاؤ گے اتنی جلدی بھی کیا ہے
اب آئے ہو تو دو گھڑی ٹھیر جاؤ
خموش آج تم کس لئے ہو بتاؤ

سرِ شام ہی تم تو آتے تھے اکثر
اکیلے میں کچھ گنگناتے تھے اکثر
حشم کی غزل تم جو گاتے تھے اکثر
اگر ہو سکے تو وہی گنگناؤ
خموش آج تم کس لئے ہو بتاؤ

کبھی صحنِ گُل میں جو تم گھومتے تھے
تو گلہائے رنگیں قدم چومتے تھے
یہ ارض و سما سب کے سب جھومتے تھے
اسی طرح پھر چل کے جادو جگاؤ
خموش آج تم کس لئے ہو بتاؤ

تمہیں یاد بھی ہیں وہ رنگیں زمانے
وہ رنگین باتیں، وہ رنگیں فسانے
وہ رنگین وعدے، وہ رنگیں بہانے
نہیں، تم انہیں یوں نہ یک سر بھلاؤ
خموش آج تم کس لئے ہو بتاؤ

حسیں تھی وہ پہلی ملاقات کتنی
خبر تھی کسے کہ ہوئی بات کتنی
کسے فکر تھی کہ گئی رات کتنی
اُسے خواب کیسے سمجھ لوں بتاؤ
خموش آج تم کس لئے ہو بتاؤ

وہ شب جب ستاروں کو نیند آرہی تھی
سحر بھیروں راگ جب گا رہی تھی
کرن جب گجر دم کی اِٹھلا رہی تھی
اُسی طرح گھبرا کے دامن چھڑاؤ
خموش آج تم کس لئے ہو بتاؤ

نچھاور تھے جن پر کبھی چاند تارے
وہ کیا ہو گئے چودھویں کے نظارے
یہ بکھرے ہوئے کیوں ہیں گیسو تمہارے
وہ اگلا سا تم میں نہیں رکھ رکھاؤ
خموش آج تم کس لئے ہو بتاؤ

ابھی جذبۂ دل جواں ہو رہے گا
ابھی کیف آور سماں ہو رہے گا
ابھی دہر رشکِ جناں ہو رہے گا
ذرا میرے سینے سے تم لگ تو جاؤ
خموش آج تم کس لئے ہو بتاؤ

تمہیں دیکھ کر جی بہلنے لگا ہے
اُلٹنے لگا تھا، سنبھلنے لگا ہے
دیا پھر اُمیدوں کا جلنے لگا ہے
چراغِ سحر تم نہ اس کو بناؤ
خموش آج تم کس لئے ہو بتاؤ

کہیں پیشِ غم ضبطِ دل جھک نہ جائے
کہیں نبض چلتی ہوئی رک نہ جائے
یہ سودا کہیں زیست کا چک نہ جائے
مرے صبر کو اب نہ اور آزماؤ
خموش آج تم کس لئے ہو بتاؤ

اگر غم کسی بات کا ہو تو بولو
اگر کوئی میری خطا ہو تو بولو
اگر تم مرے دل رُبا ہو تو بولو
کبھو بھی اب اتنا نہ مجھ کو ستاؤ
خموش آج تم کس لئے ہو بتاؤ

لو اب میں نہ ہرگز تمہیں کچھ کہوں گا
کسی بات کا اب نہ شکوہ کروں گا
جو چاہو کہو بے گماں مان لوں گا
مگر اس طرح تو نہ دامن چھڑاؤ
خموش آج تم کس لئے ہو بتاؤ

خُدا جانے تم کو یہ کیا ہوگیا ہے
نہ عشوے نہ غمزے نہ کوئی ادا ہے
عجب وسوسے میں یہ دل مبتلا ہے
تمہیں میری سوگند کچھ تو بتاؤ
خموش آج تم کس لئے ہو بتاؤ

(۲)

یہ باتوں ہی باتوں میں کہہ جو گئے ہو
کہ اب تم کسی اور کے ہو گئے ہو
تو کیا واقعی مجھ سے تم کھو گئے ہو
خُدارا نہ تڑپاؤ سچ سچ بتاؤ
میں مر جاؤں گا یہ ستم تم نہ ڈھاؤ

زمانے کا یہ ظلم کیوں سہہ گئے تم
روایات کی رَو میں کیوں بہہ گئے تم
کسی غیر کے ہو کے کیوں رہ گئے تم
الگ رہ کے جی بھی سکو گے بتاؤ
نہیں یوں نہ خاموش نظریں جھکاؤ

اگر میری اُلفت کا اِقرار ہوتا
اگر مجھ سے سچ مچ تمہیں پیار ہوتا
تو دیوار ہر گز نہ سنسار ہوتا
قسم جھوٹی مجبوریوں کی نہ کھاؤ
مُبارک تمہیں جاؤ مہندی رچاؤ

ابھی تم نے مجھ سے یہ جو کچھ کہا ہے
کہ دُنیا نے ہم کو جُدا کر دیا ہے
اگر سچ ہے یہ تو یہ میری دُعا ہے
جہاں بھی رہو تم سدا مسکراؤ
مری بات، جانے دو، چھوڑو، ہٹاؤ

○○

بانجھ

کل تک تو یہ حسین تھی تمثالِ ماہ تھی
مستِ مئے شباب تھی جادو نگاہ تھی

دُولہن تھی اور وہ بھی کس انداز کی دُلہن
دیکھے اُسے تو چاند کو لگنے لگے گہن

بانہوں میں کنگنوں کی تھی شورش مچی ہوئی
دونوں ہتھیلیوں میں تھی مہندی رچی ہوئی

ماتھے پہ جلوہ بار تھی سیندور کی پھبن
یا چرخِ نیلگوں پہ شفق تھی ضیا فگن

بھرپور تھی شراب سے یوں چشمِ نرگسی
لگتا تھا جیسے اب رسی مستی کہ تب رسی

موجِ بلا تھی دیدۂ فتنہ شعار میں
بجلی بسی ہوئی تھی نگاہوں کے تار میں

شوخی رگوں میں دوڑتی تھی رلتی ہوئی
عارض پہ تھم گئی تھی کرن کھیلتی ہوئی

شانوں پہ جھولتی ہوئی زلفوں کی وہ لٹیں
ڈسنے کو جیسے ناگنیں لیتی ہوں آہٹیں

لب ہائے نرم نرم تھے کس درجہ پُر بہار
دو برگِ گُل ہوں جس طرح آپس میں ہمکنار

رفتار وہ کہ دیکھ کے ہو دم بخود غزال
گفتار وہ کہ سُن کے ہو چپ طوطیٔ مقال

وہ کون سی خُوشی تھی جو نہ اُس کے پاس تھی
شوہر تھا مہربان تو غم خوار ساس تھی

لیکن یہ آج کیا ہوا، کیوں جی اُداس ہے — کل کی عُروس کس لئے تصویرِ یاس ہے
دو چار سال بھی ہوئے شادی کے کیا ابھی — نفرت دُلہن کی ذات سے کرنے لگے سبھی
یہ بے کسی، نہیں کوئی پُرسانِ حال بھی — ہے زد میں ٹھوکروں کی نظر کا سوال بھی
سرمایۂ حیات ہے غم، بدنصیب کا — مُرجھا گیا ہے پھول سا چہرہ غریب کا
سپنے جو اُس نے پیا کے دیکھے تھے کھو گئے — ارماں بھی دل میں کروٹیں لے کے سو گئے
کنگن ہیں ہاتھ میں نہ ہی چھاگل ہیں پاؤں میں — عالم ہو جیسے قحط کا سرسبز گاؤں میں
ہے مانگ جو اُداس تو زلفیں پھنسی پھنسی — پچکے ہوئے ہیں گال تو آنکھیں دھنسی دھنسی
سینہ ہے دھونکنی دلِ پُرخوں کی آہ سے — آنکھوں کے اِرد گرد ہیں حلقے سیاہ سے
شاداب پھول سیج کا کیوں پائمال ہے — کیوں آج اس غریب کا جینا محال ہے
بیوہ ہوئی ہے کس لئے شوہر کے جیتے جی — اُجڑی ہے کیوں وہ مانگ کہ جو تھی کبھی سجی
کل تک جو تھی سویرا وہ کیوں آج سانجھ ہے — کیا اس لئے کہ کوکھ سے بیچاری بانجھ ہے

بے بس کو اس طرح کا کوئی کیوں عذاب دے
اے خُود غرض سماج تو اس کا جواب دے

غالبؔ

آج تک فنِّ شعر و سخن میں ہوا کوئی غالبؔ بھلا تیرا ثانی کہاں
رنگِ غالبؔ ہے تیرا ہر اک رنگ پر تیرا سب سے نرالا ہے طرزِ بیاں
تیری پروازِ تخییل کو دیکھ کر ہوگئی سرنگوں رفعتِ آسماں
تیری شوخیٔ گفتار کو دیکھ کر نطق کرنے لگا نازبرداریاں
لاکھ درپیش آتی رہیں مشکلیں، لاکھ ڈھاتا رہا آفتیں آسماں
تو بہر حال ہنستا ہنساتا رہا، اللہ اللہ تیرا یہ عزمِ جواں
تھا سخن ور بھی تو بے گماں ایک ہی، رازِ الفت کا بھی ایک ہی رازداں
دولتِ عشق کا تھا امیں ایک ہی، شاہدِ حُسن کا ایک ہی قدرداں
حُسن اور عشق کیا، موت اور زیست کیا، عرش اور فرش کیا، نور اور نار کیا
کاروبارِ دو عالم پہ چھائی ہوئی تیری فکر و نظر کی ہیں پہنائیاں
باوجودِ الم تھے دل و ذہن تیرے، رجائی شعاعوں کی آماجگہ
غیر ممکن تھا، تجھ سے گریزاں نہ رہتیں قنوطی خیالوں کی پرچھائیاں
شاعرِ ترجمانِ حقیقت نے جب گوئٹے کو ترا ہم نوا کہہ دیا
تیری عظمت کا ہو پھر بھلا کیا بیاں، تیرا ہم سر نہیں ہے کوئی بھی یہاں
مانتا ہوں کہ تھا معتقد میرؔ کا، تو بھی اے غالبؔ خسروئے فن مگر
کچھ بزرگی تھی ملحوظِ خاطر تجھے، ورنہ تھے میرؔ بھی تیرے ثانی کہاں
فیض یاب آج بھی اہلِ علم و ادب ہو رہے ہیں ترے حُسنِ افکار سے
ہے حشمؔ بھی ترے خرمنِ فکر کے خوشہ چینوں میں اے شاعرِ نکتہ داں

○

غالب سے ہمکلام

اندازِ بیان

میں ہوں تیرے شعر کا زیور، شعر عروسِ نو
جیسے جیسے گھونگھٹ سر کے کھلتی جائے پو

بلندیٔ فکر

رکھ پایا پوشیدہ مجھ کو کہاں یہ عرشِ پاک
چھلنی کر گئی عرش کا سینہ تیری نظر بے باک

باریک بینی

غالب ہے تو مجھ پر، اس کا مجھ کو ہے اقرار
ناممکن ہے غلبہ پائے مجھ پر ہر فن کار

مضمون آفرینی

تو اک ماہر صورت گر اور میں اک مشتِ خاک
دیکھ کے میرا سیمیں پیکر ششدر ہے ادراک

لطفِ ترکیب

روپ سے میرے تو نے تراشے اُردو کے اصنام
کاشی کی ہوں صبح کہیں تو کہیں اودھ کی شام

شیرینیٔ کلام

سر تا سر ہے تیرے میٹھے بول کا یہ احسان
بنی ہوئی ہوں ہر شاعر کے دل کا میں ارمان

لب و لہجہ

تیرے آگے ناممکن سر خم نہ کرے گفتار
مجھ کو تونے یوں اپنایا بول اُٹھے اشعار

زندہ دلی

میرے ہوتے کیوں نہ رہے مایوسی تجھ سے دور
شیشۂ غم ہے ضرب سے میری یکسر خلینا چور

شوخی

میں ہوں چنچل ہرنی، میرا پھنسنا ہے دشوار
لیکن تیرے دام سخن نے مجھ کو کیا شکار

اُردو

افسوں ہر ہر بات تری، ہر شعر ترا الہام
میرے تن بیمار کو تو نے بخشی عمرِ دوام

برہا رُت

سا بخھ سویرے پلک پلک میں راہ تکوں ساجن کی
اَب کے سال بھی بیتے نا اَلبیلی رُت ساون کی

ٹھنڈی ٹھنڈی چھایا لے کر آ گئے کالے بادل
لہر لہر اے میرا رنگ رنگیلا آنچل
ایسے میں مجھے یاد ستائے البیلے ساجن کی
اَب کے سال بھی بیتے نا اَلبیلی رُت ساون کی

باہوں میں ساجن کی اپنے سکھیاں تن من وارے
رُوپ کی ہلکی دُھوپ پہ چنچل کیس کا سایہ ڈالے
مستی میں یوں ڈولیں جیسے مست پون ساون کی
اَب کے سال بھی بیتے نا اَلبیلی رُت ساون کی

سکھیاں سگری اپنے اپنے پی سنگ ہنسیں ہنسائیں
پگ پگ ناچیں، گائیں، جھومیں، بل کھائیں، مُسکائیں
میں دُکھیاری باوریا بن خاک اُڑاؤں بن کی
اَب کے سال بھی بیتے نا اَلبیلی رُت ساون کی

یہ دن رین پرم سُندر سکھیوں کے ہار سنگار
زُلفوں کی بل کھاتی گت پر پایل کی جھنکار
مجھ کو یوں لاگے جیسے پھنکار کسی ناگن کی
اَب کے سال بھی بیتے نا اَلبیلی رُت ساون کی

سکھیوں کے مَن کے جل مندر سے پھوٹیں رس دھارے
پنگھٹ پر موہے دیکھ کے ہنس ہنس ماریں نین کٹارے
آگ سی تن مَن میں لگ جائے چھیڑ سے اس چِتون کی
اَب کے سال بھی بیتے نا البیلی رُت ساون کی

برہا رُت میں ڈستی ہیں مری زُلفیں ناگن بن کے
زہر چڑھے مِرے کومل تن میں جب جب پھوں پھنکے
بس ہی بس ہے اب تو ساری مایا۔ مجھ برہن کی
اَب کے سال بھی بیتے نا اَلبیلی رُت ساون کی

برہا کے اندھکار میں، میں نینوں کے دیپ جلاؤں
آس نراس کے دوراہے پر بیٹھی نیر بہاؤں
اَب تو رُو رُو کھو بیٹھی میں جوت بھی اِن نینن کی
اب کے سال بھی بیتے نا اَلبیلی رُت ساون کی

یاد میں تیری او پردیسی نین کٹورے چھلکے
راکھ ہوئی بھرپور جوانی نیہہ[1] اگن میں جل کے
اب کیا اب تو ہار گئی میں بازی بھی جیون کی
جَا، میں بھی اب چھوڑ چلی اَلبیلی رُت ساون کی

●●

---
[1] پریم

ٹیڈی گرل[1]

(Tee Dee Girl)

پھیلی ہے جو دیس یہ کیسی فیشن کی بیماری
توڑ چلی ہے لاج کا پہرہ آج کی ٹیڈی ناری

مکھڑے کی پرکاش سمیٹے یوں نکلی وہ تڑکے
دوت کھی جو آکاش کا دیکھے چھاتی بیچ دل دھڑکے
چندن سر میں، کندن بر میں سرتا سر اُجیاری
توڑ چلی ہے لاج کا پہرہ آج کی ٹیڈی ناری

گال پہ لالی جیسے دھوپ میں ہلکی ہلکی آنچ
تن پر جھلمل کپڑے جیسے نرم ملائم کانچ
مورت ہے اک چلتی پھرتی جس کے لاکھ پجاری
توڑ چلی ہے لاج کا پہرہ آج کی ٹیڈی ناری

نین نشیلے، گال گلابی، گوری گوری باہیں
پگ پگ چلتے چلتے چھن میں، مت مارلیں جس کی چاہیں
اللہ اللہ اس نگری کی ریت ہے کیسی نیاری
توڑ چلی ہے لاج کا پہرہ آج کی ٹیڈی ناری

---

[1] تنگ لباس لڑکی

ایک تو نین کٹیلے اُس پر کھینچے ہوئے دُنبالے
بہت کٹھن ہے گھات سے ان کی دل کو کوئی بچالے
نظر اُٹھی کیا البیلی کی دل پر چلی کٹاری
توڑ چلی ہے لاج کا پہرہ آج کی ٹیڈی ناری

کاندھے پر یہ جھول رہی ہے چوٹی اترائی سی
یا کانا پھوسی کرتی ہے ناگن بل کھائی سی
ڈستی جاتی ہیں جس تس کو زُلفیں کاری کاری
توڑ چلی ہے لاج کا پہرہ آج کی ٹیڈی ناری

شام ڈھلے چل پڑی ہے گوری کر کے ہار سنگھار
کِسی سے عشوے غمزے کرتی کِسی سے آنکھیں چار
دَرشک اس کے متوارے، یہ درشک کی متوارنی
توڑ چلی ہے لاج کا پہرہ آج کی ٹیڈی ناری

چھب دِکھلاتی، بل کھاتی، اِٹھلاتی چلی وہ ایسے
جنگل میں کوئی چنچل ہرنی بھرے طرارے جیسے
پل میں ہو گئی یہ جا وہ جا، رہ گئے دنگ شکاری
توڑ چلی ہے لاج کا پہرہ آج کی ٹیڈی ناری

جیسے ہی سندھیا رانی کا ہوا جگت میں راج
نکل پڑی البیلی ناری تج کر شرم اور لاج
تان کے سینہ چلی وہ ایسے جیسے راج کماری
توڑ چلی ہے لاج کا پہرہ آج کی ٹیڈی ناری

کپڑے تن سے چمٹ گئے ہیں ہو کر ایسے تنگ
ننگا ہو کر جھلک رہا ہے گوری کا ہر انگ
فیشن میں کیا چُور چلی ہے فیشن کی متواری
توڑ چلی ہے لاج کا پہرہ آج کی ٹیڈی ناری

ناچ رہی ہے اس چھلبل سے گوری بیچ بجار
کمرتی اس کی ہر بَل پر ہو رہی ہے جے جے کار
لایا ہے کیا کھیل عجب اس جگ کا نیا مداری
توڑ چلی ہے لاج کا پہرہ آج کی ٹیڈی ناری

چھاتی کھولے، کنٹھ نکھارے، ننگی کر کے کایا
نکل پڑی ہے گوری لے کر سندرتا کی مایا
آگے آگے آپ چلی، پیچھے پیچھے بیوپاری
توڑ چلی ہے لاج کا پہرہ آج کی ٹیڈی ناری

فیشن کا دیکھا دیکھی میں بڑھا یہاں تک رنگ
بڑھ کر ایک سے ایک البیلی ہو گئی ننگ دھڑنگ
کلجگ رے کلجگ تو نے یہ کیسی ٹونا ماری
توڑ چلی ہے لاج کا پہرہ آج کی ٹیڈی ناری

کیس سجیلے، مُکھ درپن سا، چھاتی بنی تتلی سی
کمر دھنسی، کولھے اُبھرے سے، ساقیں کھلی کھلی سی
ہائے نئی تہذیب کی ماری، مُورکھ نرلج ناری
توڑ چلی ہے لاج کا پہرہ آج کی ٹیڈی ناری

سو گئی شاعری کی دُلہن

سو گئی شاعری کی دُلہن، سیم تن، نازنیں گُلبدن
جاگ اُٹھا پیکرِ فکر و فن، پیلتن آہنیں صف شکن
چھوڑیئے قصّۂ باستاں، آج کل ہیں یہ زہراب جاں
ہیر را نجھا کی ہو داستاں یا وہ ہو قصّۂ نل دمن
کیسی آئی ہے نازک گھڑی، زندگی دار پر ہے کھڑی
اپنی اپنی ہے سب کو پڑی وائے حسرت! یہ بیگانہ پن
کتنی جاں کاہ ثابت ہوئی، تیز رفتار اس دور کی
وقت کی سانس چڑھنے لگی، سارے عالم میں پھیلی گھُٹن
تم جفا والے بھی کٹھن گئے، ہم وفا والے بھی تن گئے
دیکھتے دیکھتے بن گئے زخم سینے کے رشکِ چمن
سب کے ایمان باطل ہوئے، سب صداقت سے غافل ہوئے
جب طبیعت میں داخل ہوئے، بغض کینہ، عداوت جلن
وہ کہ ہے نازشِ کبریا، مول اُس کا ہے کیوں روپیہ
ہے یہ اک لمحۂ فکریہ، اے ثنا خوانِ تقدیس زن
عقل ہے فکر کی بے کلی، عشق ہے دل کی آسودگی
سوز ہے میری فرزانگی ساز ہے میرا دیوانہ پن

جام ٹکرائے ٹوٹے سُبو، میکدے میں مچی ہاؤ ہو
لُٹ گئی محفلِ رنگ و بُو جب سے ساقی نے بدلا چلن

دیکھ اے ناصحِ خشمگیں، چھیڑ رندوں سے اچھی نہیں
بک نہ دیں جوشِ مے میں وہ کہیں رات کا ماجرا من وعن

وقت کی نبض چلتی رہی، عُمر کی دھوپ ڈھلتی رہی
زندگی ہاتھ ملتی رہی، کام آیا نہ کوئی جتن

چال چاہے زمانہ چلے پست ہونے نہ دے حوصلے
سر ہتھیلی پہ جو لے چلے، اُس کو کیا خوف دار و رسن

شمعِ غم کی سسکتی ہے لَو، صبحِ عشرت کی پھٹتی ہے پَو
فرشِ گیتی پہ پھیلے گی ضَو، تیرگی اوڑھ لے گی کفن

ہو رہے ہیں حشمؔ آج کل تیرے اشعار کتنے سبجل
خوب سجتی ہے تیری غزل، پہنے افکار کا پیرہن

●●

حجلۂ عروسی

اے صحنِ چمن، فردوس نظر ہر پھول ترا ہے رشکِ قمر
وہ چمپا ہے وہ بیلی ہے وہ جوہی اور چمیلی ہے
اک سمت بہارِ سرو سمن اک سمت ہے لالہ و گُل کی پھبن
سُنبل ہے کہیں شمشاد کہیں سوسن سرو آزاد کہیں
جب رات کی رانی کھلتی ہے تسکین سی دل کو ملتی ہے
جس سمت نگاہیں بڑھتی ہیں تحسین کا کلمہ پڑھتی ہیں
خُوش رنگ ہیں خُوشبودار ہیں یہ قُدرت کا حسیں شہکار ہیں یہ
کچھ نیلے ہیں کچھ پیلے ہیں کچھ اُجلے کچھ چمکیلے ہیں
جس رنگ میں ہیں کیا خُوب ہیں یہ آنکھوں کو بڑے مرغوب ہیں یہ
تازہ ہے مشامِ جاں اِن سے شاداں ہے دلِ احزاں اِن سے
اللہ رے پھُولوں کی کیاری اک نہر ہے خُوشبو کی جاری
خُوشبو ہر سُو بھینی بھینی کیا اِس میں گھُلی ہے شیرینی
کیا نکہت ہے کیا نزہت ہے ہر سُو فرحت ہی فرحت ہے
اے صحنِ چمن دامن میں ترے ہیں پھُول تو ویسے بہتیرے

یہ آج جو زیبِ گلو ہوگا
اِس پھُول سا کوئی پھُول بھی ہے

نوعروس

سج دھج کے دولہن بیٹھی ہے سیج پہ گھونگھٹ تانے
رنگ برنگے کپڑوں میں پھولوں کی باس لگائے
چندر مکھی ایسی کہ جھلمل گھونگھٹ سے چھن چھن کے
آنکھیں گوری کی جیسے مدرا کے چھلکتے پیالے
سیس پہ ہے اس کے زنار گھٹاؤں کی ہریالی
کالے کالے بالوں میں یوں چمکیں ابرق پارے
کنگن کھنکے ہاتھ میں جب جب پاؤں میں پائل چھنکے
نینوں میں یوں ناچ رہے ہیں سندر سپنے من کے
اِک اِک کر کے پوری ہوں گی آشائیں سب من کی
سپنوں کے راجا آئیں گے گھونگھٹ پٹ سرکانے
رات کی اِس تنہائی میں جب جب پروائی سنکے
ہر ہر پل کیسا دھڑکا ہے اس کو کیا کوئی جانے
سوچ رہی ہے پریتم پیارے اب آئے تب آئے
رہ رہ جھانکیں نین جھروکے سے بے چین نگاہیں

ہر آہٹ پہ چونک رہی ہے خوف ہیں کچھ انجانے
گم صم بیٹھی ہے اپنے پریتم کی آس لگائے
پھوٹ رہی ہیں کرنیں چاروں اور لکیریں بن کے
مکھڑا جیسے بند پڑے ہوں درپن میں اجیالے
یا آکاش نے مانگ میں بھر دی ہے ادشا کی لالی
جیسے رات کی اوٹ سے جھانکیں نیل گگن کے تلے
یوں لاگے جیسے کوئی مرلی ادھیم سُر میں بھنکے
جیسے برکھا رُت میں ناچیں مور سجیلے بن کے
سوچ رہی ہے سُدھ بسرائے گوری تن من دھن کی
من ہی من کچھ سوچ کے گوری لگتی ہے شرمانے
گوری کی نوخیز امنگوں میں اک آگ سی دھنکے
لاکھ مناتی ہے ہردے کو لیکن وہ کیا مانے
ایسے میں اک کومل دل کو چین بھلا کب آئے
تن کی آدر نہ بڑھتی ہوں من بھاون پی کی باہیں

تن من میں بے چینی سی ہے چھاتی کی دھڑکن سے
پہلی بار ملے گی رادھا آج اپنے موہن سے

وہ نرس

(گورنمنٹ ہسپتال میں جب میں زیرِ علاج تھا)

وہ نرس کہ ماتھے پہ ہے اِسکارف کا ہالہ
چہرے میں ہے سمٹا ہوا اُوشا کا اُجالا
نظریں ہیں کہ سینے میں اُترتے ہوئے بھالے
آنکھیں ہیں کہ مدیرا کے چھلکتے ہوئے پیالے

سیرنج لئے بڑھتی ہے جس دم وہ گُل اندام
جذبات کی دُنیا میں بپا ہوتا ہے کُہرام
بازو کو جو چھوتی ہے تو بڑھ جاتی ہے دھڑکن
اک کیفِ بے اندازہ سے جھُوم اُٹھتا ہے تن من

آواز نکلتی ہے مرے منھ سے جو "سی" کی
ہونٹوں پہ کرن کھیلنے لگتی ہے ہنسی کی
سانسوں کی مہک اُس کی گُلِ ترسے فزوں ہے
ہونٹوں پہ تبسّم ہے کہ گُل قندِ فسُوں ہے

بازو کو مرے رُوئی کے پھاہے سے مسلنا
پھر لمس سے انگلی کے مِری اُس کا سنبھلنا
وہ بات ہوئی چشم زَدن میں کہ نہ پوچھو
وہ آگ لگی دونوں بدن میں کہ نہ پوچھو

وہ اُس کا سمٹتے ہوئے نظروں کا چُرانا
وہ میرا بھی احساس تلے جھینپ سا جانا
جس جان پہ قربان ہو سو جان یہی ہے
قبلہ یہی، کعبہ یہی، ایمان ۔ یہی ہے

آوارہ

کہنے کو تو سب کہہ دیتے ہیں مجھ کو آوارہ
لیکن دیکھے کون کہ میں ہوں کس درجہ بیچارہ

چھوڑ گئے ماں باپ مجھے جب عمر تھی میری بالی
نا کوئی میرا سنگی ساتھی نا کوئی میرا والی
کس کو فکر پڑی تھی کرتا مفت مری رکھوالی
دھرتی ماں نے آخر مجھ پر نظر دیا کی ڈالی
پھر کیا جیون ڈار پہ میری موت کا چلتا آرہ
کہنے کو تو سب کہہ دیتے ہیں مجھ کو آوارہ

مجھ نربل، مجھ بے چارے کی ہمت کا کیا کہنا
ایسا کوئی ستم نہیں جو پڑا نہ مجھ کو سہنا
دکھ تکلیف میں کیا آئے میری آنکھوں کو بہنا
اب تو میں نے سیکھ لیا ہر حال میں ہنستے رہنا
میری دنیا میرا مسکن رستہ یا گلیارہ
کہنے کو تو سب کہہ دیتے ہیں مجھ کو آوارہ

ہائے کہوں کیا ڈھاتی تھے کیا دکھ مجھ پر بے کاری
کسی نے دے دی گالی مجھ کو کسی نے ٹھوکر ماری
چور کسی نے کہہ کر دل پر ضرب لگائی کاری
بے پوچھے مہمان بنا میں کچھ دن کا سرکاری

لگ ہی گیا آئین کا مجھ پر کوئی نہ کوئی دھارا
کہنے کو تو سب کہہ دیتے ہیں مجھ کو آوارہ

میں نے دیکھی سردی گرمی اور نہ آندھی پانی
پیٹ کی خاطر کہاں کہاں کی میں نے خاک نہ چھانی
لیکن راس نہ آیا مجھ کو خون کا کرنا پانی
یونہی ہوتی رہی سدا میری برباد جوانی
جس کی چوکھٹ پر میں پہونچا اس نے ہی دھتکارا
کہنے کو تو سب کہہ دیتے ہیں مجھ کو آوارہ

دیکھ کے میرے تن پر کپڑے میلے پھٹے پرانے
وہ جن کو دے دی ہے بھول سے کچھ توفیق خدا نے
بڑھتے ہیں میری جانب لے کر آنے دو آنے
کس درجہ مورکھ ہوتے ہیں یہ دھنوان سیانے
کیا جگ میں بے کاری کا ہے بھیک ہی اک سہارا
کہنے کو تو سب کہہ دیتے ہیں مجھ کو آوارہ

دھنوانوں کے دیکھے ہیں میں نے کتنوان سپوت
کالے دھندے کا رہتا ہے جن کے سر پر بھوت
اجلے کپڑوں میں وہ اف ان کے کالے کرتوت
دیکھے دنیا تو رہ جائے ششدر اور مبہوت
کام کے ہیں یہ پیسے والے میں مفلس ناکارہ
کہنے کو تو سب کہہ دیتے ہیں مجھ کو آوارہ

لوبھ کے مایا جال میں اپنے دھن دولت کے مکڑے
مجبوروں کو، بے چاروں کو، کنگالوں کو جکڑے
شہروں اور بازاروں میں پھرتے ہیں اکڑے اکڑے
پکڑے بھی تو کون بھلا اِن نِردیوں کو پکڑے
انہیں کی دھرتی، انہیں کی جنتا، انہیں کا جگت یہ سارا
کہنے کو تو سب کہہ دیتے ہیں، مجھ کو آوارہ

○○

کل کا ہندوستان

نفرت کو زینہار نہ دینا تم دل میں استھان
بچو اور جوانو تم ہو کل کا ہندوستان

وہ دھرتی جس دھرتی پر تھا گوتم سا بھگوان
وہ دھرتی جس دھرتی پر تھا اکبر سا سُلطان
وہ دھرتی جس دھرتی پر تھا گاندھی سا انسان
وہ دھرتی جس دھرتی پر تھا نہرو سا وِدوان

بچو اور جوانو تم ہو اس دھرتی کی شان
بچو اور جوانو تم ہو کل کا ہندوستان

ماہ و سال آزادی کے ہم نے کتنے ہی کاٹے
پھر بھی تن سے رہے چمٹ کر چھل اور کپٹ کے ماٹے
لابھ کے ہم نے جتن کیئے پر ملے سراسر گھاٹے
مذہب کے دیوانوں نے خوں انسانوں کے چاٹے

اپنے آپ کیا ہم نے جگ میں اپنا اپمان
بچو اور جوانو تم ہو کل کا ہندوستان

دھرتی پر چو اُور ہے نافذ جمہوری دستور
آج فقط پرجا ہی نہیں، ہے راجا بھی جمہور
کونے کونے میں پھیلا ہے جاگرتی کا نُور
ہوئی ہے سارے جگ سے چھایا غفلت کی کافور

دھرم کے جھوٹے پھندے توڑو بن جاؤ انسان
بچو اور جوانو تم ہو کل کا ہندوستان

نفرت وہ بھی انسانوں سے ہے اک ایسی بھول
جس سے آدم کی رفعت پر پڑ جاتی ہے دھول
میل محبّت تو ہے اہنسا کا اک خاص اُصول
یہی ہے وہ آدرش جو سارے جگ میں ہے مقبول
بڑھ کر اس آدرش کو کر لو تم اپنا ایمان
بچّو اور جوانو تم ہو کل کا ہندوستان

پھن پھیلائے کھڑا ہوا ہے جنگ و جدل کا ناگ
دُھواں دُھواں ہے گگن کا چہرہ سُلگ رہی ہے آگ
کوئی بھیانک روپ نہ دھارے دیش دیش کی لاگ
سارا جگ ہے سہما سہما پھُٹی ہے بھاگم بھاگ
امن کی خاطر کر دو اپنا تن من دھن قربان
بچّو اور جوانو تم ہو کل کا ہندوستان

کل کا ہندوستان تمہارے بل پر ناز کرے گا
کل کا ہندوستان تمہیں جگ میں ممتاز کرے گا
کل کا ہندوستان درِ تیچے وقت کے باز کرے گا
کل کا ہندوستان جہاں کو ہم آواز کرے گا
کل کے ہندوستان کا ہوگا تمہیں سے جگ میں مان
بچّو اور جوانو تم ہو کل کا ہندوستان

○○

کوشش سے تقدیر بدل

کیا پربت کیا جل کیا تھل
ہار نہ ہمّت بڑھتا چل

منزل تیری دُور سہی راہ گزر بے نُور سہی
پاؤں تھکن سے چُور سہی تھک تھک کر، گر گر کے سنبھل
ہار نہ ہمّت بڑھتا چل

زندہ ہے تو زندہ رہ سرد و گرم زمانہ سہہ
اَوروں کی سُن اپنی کہہ جیون پتھ پر چلتا چل
ہار نہ ہمّت بڑھتا چل

رُکنے کا تو نام نہ لے خار بھی ہوں گر پاؤں تلے
چھدنے دے چھالوں کے گلے کھلنے دے تلووں میں کنول
ہار نہ ہمّت بڑھتا چل

پانی ہو یا آگ گزُر بے پروا بے لاگ گزر
چھوڑ دے ڈھیلی باگ گزر خشکی ہو یا ہو دلدل
ہار نہ ہمّت بڑھتا چل

صبر و سکوں کا دَور نہیں جینے کا یہ طور نہیں
موت ہے یہ کچھ اور نہیں ہر دَم رہ سرگرم عمل
ہار نہ ہمّت بڑھتا چل

جیون لمبی ڈور نہیں — سانس پہ کوئی زور نہیں
سانجھ جو ہے تو بھور نہیں — بیش بہا ہے اِک اِک پل
ہار نہ ہمت بڑھتا چل

راہ کوئی مسدود نہیں — یہ دُنیا محدود نہیں
فکر و عمل بے سود نہیں — مشکل کر تدبیر سے حل
ہار نہ ہمت بڑھتا چل

وقت کا ہے رہوار ابھی — صیقل کر تلوار ابھی
کرنا ہے کر وار ابھی — کام ابھی کا ٹال نہ کل
ہار نہ ہمت بڑھتا چل

سچائی کی راہ پہ جا — دار و رسن سے خوف نہ کھا
دیوِ اجل سے آنکھ مِلا — مذبح ہو یا ہو مقتل
ہار نہ ہمت بڑھتا چل

عزم ہو تیرا یوں مُحکم — منزل لے خود بڑھ کے قدم
تجھ کو تری جرأت کی قسم — ٹالے طوفاں بھی تو نہ ٹل
ہار نہ ہمت بڑھتا چل

ہرگز ہو بے زار نہ تو — ہاتھ سے دے تلوار نہ تو
ہار کے بھی جی ہار نہ تو — پسپائی کی زد سے نکل
ہار نہ ہمت بڑھتا چل

ناکامی کا نام نہ لے — مایوسی کا جام نہ لے
محنت کر آرام نہ لے — کوشش سے تقدیر بدل
ہار نہ ہمت بڑھتا چل

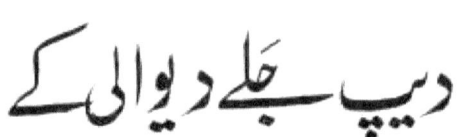

دیپ جلے دیوالی کے

چاروں اُور اُجالے پھیلے دیپ جلے دیوالی کے
نُور افشاں ہیں آج ہمارے جذبے خیرسگالی کے

دھرتی پر سندھیا نے آج غضب کی جُوت جگائی ہے
تاروں کی قندیلیں لے کر نیل گگن سے آئی ہے
آج ہے ہر ہر دیپ سے پرگٹ جیوتی چاند ستاروں کی
اُجیارے سے آنکھ ملائیں ساہس کیا اندھیاروں کی
جگمگ جگمگ دیوں کی پچکاری سے امرت بھاگ چلے
اندھیارے کے ناگ دیوتا زہر سمیٹے بھاگ چلے
نیلا امبر تاک رہا ہے حیرت سے ان تاروں کو
جنہوں نے دی ہے جُوت ہماری گلیوں اور بازاروں کو
مُفلس کی کُٹیا بھی روشن، محل بھی دولت والوں کے
شہنائی کی دُھن میں شامل گیت بھی ہیں چوپالوں کے
مُرلی دھر کی بستی ہے یہ، سُر سنگیت کی نگری ہے
کتنی موہت آج ہماری پریت ریت کی نگری ہے

مندر، مسجد، گرُو دوارہ اور گرجا کے دَر بند نہیں
ہندو، مُسلم، سکھ، عیسائی، کس کو آج آنند نہیں
کب تک لوگو کب تک اچھوڑ و چھال و رکپٹ کے پھیرے کو
ہم نے دیپ جلائے کر لو من کے دُور اندھیرے کو
پُورب کا یہ دیس ہمارا اُجیارے کا داتا ہے
دھرتی کی اندھیر سبھا میں سُورج روز اُگاتا ہے
آؤ لوگو مانوتا کی دل سے "آؤ بھگت" کریں
یعنی ہم سب مل جُل کر نعرہ اپنا "جے جگت" کریں

آؤ مِل جُل کر گُن گائیں دھرتی کی ہریالی کے
رنگ برنگے ہیں تو کیا ہم پنچھی ہیں اِک ڈالی کے

●●

مروڑ دو چینیوں کے پنجے

پیامبر امن و آشتی کا سدا رہا ہے وطن ہمارا
"سبھی ہیں آپس میں بھائی بھائی" ہے آج بھی یہ ہمارا نعرہ
مگر یہ سچ ہے کسی کا ظلم و ستم نہ برداشت کر سکیں گے
ہم اپنی دھرتی پہ جارحانہ قدم نہ برداشت کر سکیں گے
ہمیں ہیں محسن، ہمیں پہ حملہ کیا ہے بدذات چینیوں نے
ہمارے احسان کا یہ بدلہ دیا ہے بدذات چینیوں نے
وطن کی ماؤ! جواں سپوتوں کا دودھ تم بخش دو اسی دم
کہ سرخرو ہو لہو سے ان کے صداقت و حریت کا پرچم
اٹھو جوانو! لہو سے رنگین عرصۂ کارزار کر دو
سلامتی کے لئے وطن کی، وطن پہ خود کو نثار کر دو
تمہاری راہوں میں آ پڑے ہیں یہ چینی بدخواہ خار بن کر
تم ان کو خاشاک و خس کی صورت جلا دو برق و شرار بن کر
لداخ و نیفا کی سرحدوں پر پکارتی ہے وطن کی ماتا
چھڑا لو نرغے سے چینیوں کے کہ تم ہو اس سرزمیں کے داتا
بہادروں کے سپوت تم ہو تمہارے بل پر ہے ناز ہم کو
چٹان بن جاؤ روک دو چینیوں کے بڑھتے ہوئے قدم کو

بتا دو نادان چینیوں کو کہ تم ہو بھارت کے وہ سپاہی
جو دوستوں کے لئے ہیں رحمت تو دشمنوں کے لئے تباہی
وطن کی، جمہوریت کی، ملّت کی آؤ ہم مل کے کھائیں قسمیں
کہ مر مٹیں گے وطن پہ لیکن نہ آئیں گے چینیوں کے بس میں
جہادِ تزئینِ نو میں جس کی لٹا دی اپنی متاع ساری
لہو کی چھینٹوں سے اب کریں گے ہم اس گلستاں کی آبیاری
وفا کی دیوی کو چینی محبس میں رُو رُو سر پھوڑنے نہ دیں گے
قسم ہے ہم مادرِ وطن کو سسک کے دم توڑنے نہ دیں گے
جبیں پہ ہمّت کی اپنے لگنے نہ دیں گے ٹیکہ کلنک کا ہم
لگا کے سر دھڑ کی بازی نقشہ پلٹ کے رکھ دیں گے جنگ کا ہم
جکڑ رہے ہیں تمہاری جرأت کو چین کے ناروا شکنجے
جو بر ہو تو قدم بڑھاؤ مروڑ دو چینیوں کے پنجے
وجود سے چینیوں کے یک سر وطن کی مٹی کو پاک کر دو
اُٹھیں جو وہ کاٹ لو سروں کو، بڑھیں تو سینوں کو چاک کر دو
دلیر تم، سرفروش تم بے دریغ دشمن پہ وار کر دو
لہو کی خاکِ وطن ہے پیاسی، بہا کے خوں لالہ زار کر دو
پچھاڑ کر چینیوں کو رکھ دو کہ فخرِ ہندوستان تم ہو
چمک میں ٹیپو کی تیغِ بُرّاں، لپک میں ارجن کی بان تم ہو

اُٹھو، بڑھو، چینیوں کو اپنے وطن کی سیما سے دُور کر دو
چو این لائی[1] کے فاتحانہ غرور کو چُور چُور کر دو
بتا دو اِن چینیوں کو ہندوستان کے جاں نثار بن کر
کہ رہنے والے نہیں ہو تم دشمنوں کا طاعت گُزار بن کر

○○

لہ چو این لائی ۱۹۶۲ء میں چین کے وزیراعظم تھے۔

ترانۂ امن

ہم اس لئے امن چاہتے ہیں کہ وقت کا اقتضا یہی ہے
ہم اس لئے امن چاہتے ہیں کہ جنگ کا فیصلہ یہی ہے
ہم اس لئے امن چاہتے ہیں کہ زیست کا مدّعا یہی ہے
ہم اس لئے امن چاہتے ہیں کہ زندگی کا خدا یہی ہے
ہم اس لئے امن چاہتے ہیں

ہم اس لئے امن چاہتے ہیں کہ دین ہے پنچ شیل اپنا
نہ کوئی ادنیٰ نہ کوئی اعلےٰ یہی ہے فکرِ جمیل اپنا
چلن رفاقت کا عام ہو رنگ و نسل کا امتیاز اُٹھے
ہر ایک خطّہ زمین کا احتیاج میں ہو کفیل اپنا
ہم اس لئے امن چاہتے ہیں

ہم اس لئے امن چاہتے ہیں کہ ہو رہا ہے عذاب جینا
کہیں عداوت، کہیں تظلّم، کہیں یہ پیکارِ بغض و کینہ
کہیں حصارِ فساد و فتنہ میں رقص کرتی ہے بربریّت
کہ جس کے مذہب میں کارِ احسن ہے نوعِ انساں کا خون پینا
ہم اس لئے امن چاہتے ہیں

ہم اس لئے امن چاہتے ہیں کہ عام شیوہ ہو دوستی کا
تمام عالم میں بول بالا ہو نیّرِ صُلح و آشتی کا
ہوں سر بسر شش جہات میں حکمراں رفاقت شعار جلوے
جہاں سے نام و نشان مٹ جائے فتنہ پردازِ تیرگی کا
ہم اس لئے امن چاہتے ہیں

ہم اس لئے امن چاہتے ہیں کہ کُل جہاں اک برادری ہو
نہ خواجگی ہو نہ بندگی ہو نہ برتری ہو نہ کمتری ہو
نزاعِ ادیان و مُلک و ملّت ہو کالعدم صفحۂ جہاں سے
اُصولِ انسانیت کا شیدا براہمی ہو نہ آذری ہو
ہم اس لئے امن چاہتے ہیں

ہم اس لئے امن چاہتے ہیں کہ ایک کا درد ایک بانٹے
لطیف پھولوں کے نرم پہلو سے دُور ہوں نابکار کانٹے
بہار بردوش و خندہ برلب سدا رہے گلستانِ ہستی
نہ کوئی چنگیز بارِ دیگر نہالِ انسانیت کو چھانٹے
ہم اس لئے امن چاہتے ہیں

ہم اس لئے امن چاہتے ہیں کہ ہو نہ آپس میں بَیر پیدا
حرم ہو پیدا کنشت سے گر تو ہو کلیسا سے دَیر پیدا
تمام افراد متحّد ہوں بغیر تمیز مُلک و ملّت
بہ ایں ارادہ بہ ایں تقدّس کہ بطنِ شر سے ہو خیر پیدا
ہم اس لئے امن چاہتے ہیں

ہم اس لئے امن چاہتے ہیں کہ مُلک جنّت نشاں ہو اپنا
چمن کی تعمیر نو پہ مائل ہر ایک پیر و جواں ہو اپنا
ہر اک قدم اک نئی ہو منزل ہر اک قدم اک نیا جہاں ہو
حیات کے جادۂ ترقی پہ گام زن کارواں ہو اپنا
ہم اس لئے امن چاہتے ہیں

○○

بھٹو[1] کا چیلنج

تری جیت ہی بنے گی تری ہار، دیکھ لینا
مِرے سر کی سرفرازی سرِ دار، دیکھ لینا
دِیا جس نظر کا تُو نے سرِ عام گُل کیا ہے
وہ نظر تجھے چُبھے گی، شبِ تار، دیکھ لینا
مِرے خونِ دل کی سُرخی نے بھری ہے مانگ جس کی
وہ سحر ضرور ہوگی نمودار، دیکھ لینا
جنہیں زہر میں بُجھا کر مِری راہ میں بچھایا
ترے پاؤں میں چُبھیں گے وہی خار دیکھ لینا

---

[1] ذوالفقار علی پاکستان کے وزیراعظم جنہیں صدر پاکستان ضیاء الحق کے حکم سے ۴ر اپریل ۷۹ء کو پھانسی دے دی گئی۔

مرا قتل بھی جو ہوگا تو بس ایک بار ہوگا
تری جان موت لے گی کئی بار، دیکھ لینا
جو یزیدِ وقت تو ہے تو حسینِ وقت میں ہوں
مرا سر نہ جھک سکے گا زنہار، دیکھ لینا
تو ہے گر تفنگِ باطل تو میں ذوالفقارِ حق ہوں
تری گھن گرج تو سن لی، مری دھار، دیکھ لینا
گلِ لالہ کھل اٹھیں گے، یہ چمن سلگ اٹھے گا
مرے خونِ ناسزا کا یہ نکھار، دیکھ لینا

○○

پیغمبرِ السلام

(نذرانۂ عقیدت بحضور آنجہانی نہرو۔ انتقال ۲۷ مئی سنہ ۱۹۶۴ء)

کاروانِ حریت کا پیشوا جاتا رہا
معبدِ جمہوریت کا دیوتا جاتا رہا

تھا حریفِ سیلِ طوفان و بلا جاتا رہا
کشتیٔ ہندوستاں کا ناخدا جاتا رہا

جنگِ آزادی کا وہ مردِ مجاہد ہائے ہائے
دارِ ہستی سے سوئے دار الفنا جاتا رہا

ہند کا معمارِ اعظم، ہند کا تاریخ ساز
خاتمہ کر کے سنہری عہد کا جاتا رہا

تھا جواہر لال نہرو، رتن تابندہ ترین
ہائے بھارت کا وہ لعلِ بے بہا جاتا رہا

آفتابِ اتحاد و ماہتابِ صلحِ کل
کر کے ہندوستان کو ظلمت کدہ جاتا رہا

اک جہانِ دل کو جس نے اپنا گرویدہ کیا
ہائے وہ لاکھوں دلوں کا دلربا جاتا رہا

حل کیا جس نے نیاز و عجز سے ہر مسئلہ
ہند کا وہ بندۂ صبر و رضا جاتا رہا

مے کدے میں جس کے دم سے شور نوشا نوش تھا
اُف وہ عالی ظرف پیرِ مے کدہ جاتا رہا

تھی جواہر لال سے منسوب آزادیٔ ہند
بے گماں وہ اک زمانہ ساز تھا جاتا رہا

چھا گئیں تاریکیاں اقصائے عالم میں تمام
مہرِ عالم تابِ چرخِ ہند کا جاتا رہا

جس نے اقوامِ جہاں میں ہند کو یکتا کیا
وہ مدبر وہ سیاسی رہنما جاتا رہا

چاندنی اب کیا کرے گی کھیت باغ و راغ میں
نخشبِ ہندوستاں کا مہ لقا جاتا رہا

تاجِ عالم کا نگیں بن کر جو تھا جلوہ فروز
ہائے وہ ہیرا بدخشِ ہند کا جاتا رہا

جس نے دُنیا کو دیا دستورِ ناوابستگی
مُلکِ ہندوستان کا وہ نابغہ جاتا رہا

اِک جہاں لبیک کہہ کر جس کا پیرو ہو گیا
وہ بقائے باہمی کا پیشوا جاتا رہا

ختم جس کی ذات نے کر ڈالا نسلی امتیاز
آہ وہ انساں وہ مردِ باصفا جاتا رہا

دم قدم سے جس کے تھا بھارت میں قومی اتحاد
وہ مآل اندیش قومی رہنما جاتا رہا

وہ جواہر لعل وہ بے لوث خادم قوم کا
کر کے اپنا جان و دل ہم پر فدا جاتا رہا

اے جواہر لعل، بھارت ماں کو اپنی ہا کے
کس تپ دلرزہ میں کر کے مبتلا جاتا رہا

مادرِ ہندوستاں روئے نہ کیوں زار و قطار
روشنی آنکھوں کی، دل کا آسرا جاتا رہا

امن کا پیغامبر ہندوستاں سے اُٹھ گیا
محسنِ انسانیت سطحِ جہاں سے اُٹھ گیا

○

مادرِ ہند آنجہانی اندرا گاندھی کی خدمت میں

نذرانۂ عقیدت

قتل : ۳۱ ؍اکتوبر ۱۹۸۴ء

تیری چوکھٹ پہ ہے سر عقیدت کا خم
مادرِ ہند تجھ کو سلام حشم

قوم نے جب پکارا، سہارا دیا ناؤ منجدھار میں تھی، کنارا دیا
دیش کو بل جوانوں کو یارا دیا اور "غریبی ہٹاؤ" کا نعرا دیا

پھر نہ روکے رُکے تیرے بڑھتے قدم
مادرِ ہند تجھ کو سلام حشم

تو کہ دُنیائے خواتین میں فرد تھی تو کہ مظلوم قوموں کی ہمدرد تھی
تو کہ عزم و ارادے کی پا مرد تھی تیرے آگے سیاست گری گرد تھی

وقت کے رُستموں نے دیئے توڑ دم
مادرِ ہند تجھ کو سلام حشم

تیری آنکھوں سے اوجھل نہ پہلو کوئی تیری نظروں میں مسلم نہ ہندو کوئی
تیری باتوں میں بے شک تھا جادو کوئی جان و دل تھا کوئی، دست و بازو کوئی

تجھ سے قائم رہا ایکتا کا بھرم
مادرِ ہند تجھ کو سلام حشم

ملک میں ٹیکنولوجی کا سائنس کا — کون ہے جس نے اونچا کیا مرتبا
سب جو آتے سنے آنے لگی یہ صدا — اندرا، اندرا، اندرا، اندرا
تھا غنیمت وطن کے لئے تیرا دم
مادرِ ہند. تجھ کو سلام حشم

تو نے تحفہ دیا قوم کو خون کا — جگ میں اونچا کیا نام خاتون کا
امن میں تو علم شاخِ زیتون کا — عالمِ جنگ میں بان ارجون[۱] کا
تیری طرفہ طبیعت کے قربان ہم
مادرِ ہند. تجھ کو سلام حشم

شر کے آگے نگوں سر نہ ہونے دیا — بیج نفرت کے دل میں نہ بونے دیا
فکرِ قومی نے پل بھر نہ سونے دیا — جان دی، ملک ٹکڑے نہ ہونے دیا
ملک دشمن کے آگے کیا سر نہ خم
مادرِ ہند. تجھ کو سلام حشم

تیرے دم سے جہاں میں اجالا رہا — روشنی کا ترے گرد ہالہ رہا
تیری ہمت کا وہ بول بالا رہا — تیرے قد سے پشیماں ہمالہ رہا
خاک ہو کر بھی تو ہے ہمالہ قدم
مادرِ ہند. تجھ کو سلام حشم

---

۱ ضرورتِ شعری کے تحت ارجن کو "ارجون" لکھا گیا

مَلک تو مُلک سارا جہاں رُو پڑا   یہ زمیں رو پڑی آسماں رُو پڑا
جب چِتا جل اُٹھی تو دھواں رو پڑا   الغرض جو جہاں تھا وہاں رُو پڑا

کیسا دہشت پسندوں نے ڈھایا سِتم
مادرِ ہند تجھ کو سلامِ حشم

نام آدرش تیرا وطن کے لئے   تیرا آنچل پھریرا وطن کے لئے
تیرا جینا سویرا وطن کے لئے   تیرا مرنا اندھیرا وطن کے لئے

تیری یادوں کے دیپک جلائیں گے ہم
مادرِ ہند تجھ کو سلامِ حشم

نذرِ حمایتُ الغُرباء

(۱)

درس گاہِ حمایتُ الغُربا
ہم نے اس دم بھی تجھ کو دیکھا ہے
ٹاٹ پر جب ترا بسیرا تھا
آج مخمل پہ تیرا ڈیرا ہے

(۲)

درس گاہِ حمایتُ الغُربا
مان اُس دم ہوا بڑا تیرا
شری بجے سنگھ نہار کے ہاتھوں
سنگِ بنیاد جب پڑا تیرا

(۳)

درس گاہِ حمایتُ الغُربا
پیکرِ اتحاد و عزم ہے تو
نونہالانِ قوم لیں جس سے
درسِ تادیب کا وہ بزم ہے تو

(۴)

درس گاہِ حمایتُ الغُربا   تو ہے گنجینۂ علوم و فنون
تو ہے محنت کشوں کی ہستی میں   درس و تدریس کا عظیم ستون

(۵)

درس گاہ حمایتُ الغُربا
رام و رحمٰن[1] کی بہو تو ہے
سچ تو یہ ہے حسین جوڑے ہیں
کانکنارہ کی آبرو تو ہے

(۶)

درس گاہ حمایتُ الغُربا
تیرا چڑھتا ہوا شباب رہے
تیری کرنیں[2] گلی گلی بکھریں
اَوج پر تیرا آفتاب رہے

(۷)

درس گاہِ حمایتُ الغُربا
ڈالی ڈالی ہری رہے تیری
دیش کے رنگ رنگ پھولوں سے
کیاری کیاری بھری رہے تیری

○

لہ اُردو ہندی میڈیم اسکول ٢ہ سالانہ مجلّے کا نام کرن ہے۔
کانکی نارہ۔

نذرِ انجمن

(انجمن اِتّحاد المسلمین، ٹیٹاگڑھ)

زندہ و پائندہ باد! اے اتّحادُ المسلمیں

تجھ میں اسمِ بامسمّیٰ کی خصوصیّت رہے
تیرے ہر کردار میں شانِ عبودیت رہے
بے کسوں کے ساتھ جذبِ حُبِّ انسیت رہے
بے سہاروں کی ترے پیشِ نظر خدمت رہے
تو ہے خدمت گارِ دینِ رحمتُ للعالمیں
زندہ و پائندہ باد! اے اِتّحادُ المسلمیں

اتّحادِ باہمی کا تجھ سے پیدا نام ہو
تیرے کاموں میں نہ کچھ تفریقِ خاص و عام ہو
نقشِ پائے کامرانی تیرا ہر ہر گام ہو
دُور تیرے دم قدم سے بدعتِ اوہام ہو
تجھ سے پھیلیں چار سُو عالم میں انوارِ یقیں
زندہ و پائندہ باد اے اتّحادُ المسلمیں

تیرا مسلک ہو ہمیشہ امن و صلح و آشتی
تیرا مقصد ہو سدا شفقت محبّت دوستی
تجھ سے حاصل ہو یتیموں، بے کسوں کو زندگی
غم کی ظلمت سے اُبھر آئے خوشی کی روشنی
خادمِ دینِ نبی کا تو ہے تابندہ نگیں
ہ و پائندہ باد اے اِتحادُ المسلمیں

ملت اسلامیہ کی تو رہے خدمت گزار
تیری یکتائی پہ آنچ آنے نہ پائے زینہار
ہر زمانے میں رہے یکساں ترا قول قرار
پیس ڈالے لاکھ تجھ کو گردشِ لیل و نہار
پھر بھی اپنے مقصدِ اعلیٰ سے باز آنا نہیں
زندہ و پائندہ باد اے اتحادُ المسلمیں

تیرا سینہ پاک ہو کذب و ریا و بیم سے
تشنہ ہوں سیراب تیرے کوثر و تسنیم سے
پُر ہو دل انساں کا تیری عزت و تعظیم سے
ہو زمانے کو سبق حاصل تری تنظیم سے
تو ہے پیغامِ اُخوت، حاصلِ دنیا و دیں
زندہ و پائندہ باد اے اتحادُ المسلمیں

دے ترے مقدور کو وسعت خدائے ذوالجلال
روز افزوں دے ترقی تجھ کو دورِ ماہ و سال
تیری کارستانیاں ہر دور میں ہوں بے مثال
ہوں مقاصد پر ترے صدقے ہمارے جان و مال
تو ہے اک بے لوث خادم، مظہرِ آئینِ دیں
زندہ و پائندہ باد اے اتحادُ المسلمیں

●●

نذرِ چیرنجی لال باجوریاؒ

یہ کون آیا ہماری انجمن میں
خوشی کی لہر دوڑی جان و تن میں

مچی ہے کس کی آمد سے یہ ہل چل
یہ جنتا کس کے درشن کو ہے بے کل

بہاریں ہیں کہ لہراتی ہیں ہر سُو
فضائیں ہیں کہ مہکاتی ہیں خوشبُو

یہ محفل ایک ہی ہے محفلوں میں
یہاں خُوشیاں ہی خوشیاں ہیں دلوں میں

عقیدت کا سرِ تسلیم خم ہے
یہ کس اِنسان کا نقشِ قدم ہے

یہ کوئی ہو نہ ہو ذات سخی ہے
جبھی تو دُھوم بخشش کی مچی ہے

مقدّر چشمۂ رحمت ہی کا ہے
کہ سواگت کا اسے موقع ملا ہے

چلو ہم لیں قدم آنکھیں بچھا کے
چیرنجی لال جی باجوریا کے

قدم آئے بہارِ زندگی کے
دلوں کے پھُول مہکے ہم سبھی کے

چیرنجی لال جی ہم میں ہیں ایسے
سِتاروں میں گھِرا ہو چاند جیسے

بڑی فیّاض ہے ان کی طبیعت
یہ ہیں خدمت گزارِ ملک و ملّت

طبیعت میں بلا کی سادگی ہے
ہر اچھّے کام پر آمادگی ہے

کریں کیا تذکرہ ہم اُن کے گُن کا
ہمارے دل میں ہے استھان اُن کا

خُدا دے عمر میں ان کی درازی
بڑھے کچھ اور بھی بندہ نوازی

یہی ارمان ہیں شاعر حشمؔ کے
مقدّر چشمۂ رحمت کا چمکے

●

انجمن اتّحادُ المسلمین (جگبدل) کا قائم کردہ چشمۂ رحمت ہائر سکنڈری اسکول (جگبدل) کی دو منزلہ عمارت کی توسیع باجوریا جی کی مرہونِ منّت ہے۔ حشمؔ

۱؎ جوٹ کا صنعت کار۔

رقّاصۂ چمن
(سہرا)

ہے کس قدر دل فریب و دلکش ہے کتنا الفت شعار سہرا
جبینِ نوشہ پہ ہو رہا ہے بصد عقیدت نثار سہرا

نسیم، رقاصۂ چمن کی، چمن میں اٹکھیلیاں نہ پوچھو
لبوں پہ غنچوں کے مسکراہٹ کا روح پرور سماں نہ پوچھو
اگر ہے شبنم کی تازگی تو، کلی کا بھی ہے نکھار سہرا
جبینِ نوشہ پہ ہو رہا ہے بصد عقیدت نثار سہرا

شراب لیلائے شب کی آنکھوں سے پے بہ پے یوں چھلک رہی ہے
کہ جیسے آغوش جامِ رنگیں میں دخترِ رز ہمک رہی ہے
کرے نہ کیوں جوشِ کیف و مستی سے دل کو بے اختیار سہرا
جبینِ نوشہ پہ ہو رہا ہے بصد عقیدت نثار سہرا

شباب نو سے کلی کلی کی قبائے رنگیں مسک رہی ہے
کہ آج کی شب عروسِ کون و مکاں کی چھاتی دھڑک رہی ہے
فضائے عالم ہے مست و بےخود ہے کس قدر کیف بار سہرا
جبینِ نوشہ پہ ہو رہا ہے بصد عقیدت نثار سہرا

گلوں کے رنگین پیرہن سے جبیں تری یوں جھلک رہی ہے
کہ جیسے دَرزِ افق سے زریں جبینِ قمر کی چمک رہی ہے
جبیں کو تیری بصد ادا کر رہا ہے بوس و کنار سہرا
جبینِ نوشہ پہ ہو رہا ہے بصد عقیدت نثار سہرا

بکھیر دی ہے بساطِ کون و مکاں پہ تنویر اُس نے ہر سُو
اسی کے فیض و کرم کے دَم سے فضا میں رچ بس گئی ہے خوشبو
ریاضِ اقلیمِ نور و نکہت کا گویا ہے تاجدار سہرا
جبینِ نوشہ پہ ہو رہا ہے بصد عقیدت نثار سہرا

صدائے تحسین و آفریں سے چمن کا ہے کیا سماں نہ پوچھو
ہیں وِردِ صلِّ علےٰ میں کتنے طیُور رطب اللساں نہ پوچھو
کلی کلی جھُومنے لگی ہے ہوا ہے یوں نغمہ بار سہرا
جبینِ نوشہ پہ ہو رہا ہے بصد عقیدت نثار سہرا

کلی جو گوندھی نہ جا سکی تھی چمن میں بیٹھی سسک رہی ہے
گُندھی ہوئی ہر کلی کے مُنھ کو بچاری حسرت سے تک رہی ہے
کلی کے حق میں سعادت و یمن کا ہے گویا عیار سہرا
جبینِ نوشہ پہ ہو رہا ہے بصد عقیدت نثار سہرا

حیات کی رزم گہہ میں کل بھی یہی زمان و مکاں ہوں گے
دلوں میں لیکن نئی اُمنگیں، نئے ارادے جواں ہوں گے
ہے بزمِ ہستی میں اِک نئی زندگی کا آئینہ دار سہرا
جبینِ نوشہ پہ ہو رہا ہے بصد عقیدت نثار سہرا

برس پڑے نوٹ کر نہ کیوں بزمِ عقد پر کیف دو جہاں کا
ادھر ہے گر باپ شادماں تو اُدھر ہے دل باغ باغ ماں کا
خوشا کہ ہے مادر و پدر کے دلوں کا صبر و قرار سہرا
جبینِ نوشہ پہ ہو رہا ہے بصد عقیدت نثار سہرا

ملے ہیں دو دل جو آج کی شب وفا کے قصے بیاں ہوں گے
خدا نے چاہا تو یہ ہمیشہ دو جسم اور ایک جان ہوں گے
ہے رشتۂ مرد و زن میں عشق و وفا کا قول و قرار سہرا
جبینِ نوشہ پہ ہو رہا ہے بصد عقیدت نثار سہرا

شب برات آج سے جو شب ہو تو روز ہو عید کا نظارہ
ہمیشہ بام فلک پہ چمکے تمہارے اقبال کا ستارہ
حشم کی ہے یہ دعا خدا سے ہو باعثِ افتخار سہرا
جبینِ نوشہ پہ ہو رہا ہے بصد عقیدت نثار سہرا

●●

زفرق تا بہ قدم (سہرا)

نگاہ و دل کا حسیں انتخاب ہے سہرا
قسم خدا کی بڑا لاجواب ہے سہرا

طریق زیست کا اعلیٰ نصاب ہے سہرا
حدیث شوق کی رنگیں کتاب ہے سہرا
ہے جس میں ذکرِ زن وشو وہ باب ہے سہرا
غرض، فریضۂ اُمّ الکتاب ہے سہرا
قسم خدا کی بڑا لاجواب ہے سہرا

فضا میں صلِّ علےٰ کیا نشاط خیزی ہے
عروس حسن کی ہر سمت جلوہ ریزی ہے
غضب کی محفلِ شادی میں عطر بیزی ہے
گلاب ہی نہیں رشکِ گلاب ہے سہرا
قسم خدا کی بڑا لاجواب ہے سہرا

زفرق تا بہ قدم اُف یہ جلوہ سامانی
یہ رنگ و نور سے معمور حسن لاثانی
شمیم گل میں ہے غلطاں ضیائے پیشانی
نوشا! کہ عکس رخ ماہتاب ہے سہرا
قسم خدا کی بڑا لاجواب ہے سہرا

فضائے گلشن ہستی میں تازگی سی ہے
لبوں پہ غنچۂ دل کے، شگفتگی سی ہے
نسیم شوق کی لرزش میں نغمگی سی ہے
نشاط و عیش و طرب کا رباب ہے سہرا
قسم خدا کی بڑا لاجواب ہے سہرا

نگارِ آرزو پھرتی ہے کیا ہی اترائی
اُمنگ دل میں، نفس میں سرودِ شہنائی
ہے انگ انگ میں بھرپور جوشِ برنائی
نشانِ منزلِ راہِ شباب ہے سہرا
قسم خدا کی بڑا لاجواب ہے سہرا

خوشا! کہ آج گلے سے گلے ملے دو دل
کریں ہنسی خوشی طے ازدواج کی منزل
ہوں رحمتیں انہیں دونوں جہان کی حاصل
حضورِ ربؒ میں حشم مستجاب ہے سہرا
قسم خدا کی بڑا لاجواب ہے سہرا

برابر کے شریک

اُس نے کہا، ہے پیار تمہیں بھی ؟ ہم نے کہا، سرکار بہت
بھارت کے ذرّے ذرّے سے ہم کو بھی ہے پیار بہت
آزادی کی رن بھومی میں اِک تو ہی سرباز نہ تھا
دیکھ، ہمارے سینوں سے بھی تیر ہوئے ہیں پار بہت

○

محبّت، فاتحِ عالم

جہاں کی حکمرانی سے ذرا بھی
دلوں کی حکمرانی کم نہیں ہے
بہ قولِ شاعرِ مشرق ختم، کیا؟
محبّت فاتحِ عالم نہیں ہے؟

مشورہ

ہم بلا عذر ناقوس کا دم بھریں
آپ بے خوف پاسِ اذاں کیجیے
اُس کی سرکار میں قید در کی نہیں
سجدۂ عشق چاہے جہاں کیجیے

دوہے

مُثبت، مَنفی، دونوں لازم، صفر بنا کیا انک
دونوں سے موجود ہیں دونوں، راجا ہو یا رنک

جینا، مرنا، ہنسنا، رونا۔ دُنیا میں دو کام
کاشی، کعبہ تو ہیں فقط دل بہلانے کے نام

سیس کو سیس ہی رکھنا پیارے، پیر کو رکھنا پیر
اک دوجے کا کرم جو اُلٹے جگت منائے خیر

کالے دھندے پر دھن برسے، اُجلے پر پھٹکار
یہ کیسا انصاف ہے بھگوَن، یہ کیسا اُپہار

تنقید

یہ شعر بہت ہی پیارا ہے
کیوں پیارا ہے ؟
بس پیارا ہے
یہ شعر تو بالکل گھٹیا ہے
کیوں گھٹیا ہے ؟
بس گھٹیا ہے
کیا بات ہوئی ؟
نادان ہو تم !
تنقید ہے یہ !!

oo

بھُوک

لاٹری پڑ گئی
جیب بھاری ہوئی
سر خوُشی چھا گئی
رُو بہ رُو
اِک بہت خوُش نُما ریستوران تھا
کل کا مُفلس
بڑی شان سے اُس میں داخل ہوا
حکم کی بڑھ کے بیرے نے تعمیل کی
میز پر
کھانے انواع و اقسام کے چُن دیئے

دفعتاً
ایک بلّی
کہ تھی گھات میں
جست کی تاک میں
پل پڑی میز پر آن کی آن میں
خوانِ نعمت میں بھونچال سا آ گیا
ہاتھ سے چھوٹ گیا لقمۂ اوّلیں
حادثہ کیا ہوا
نیند جاتی رہی
فاقہ کش رو پڑا
(خواب میں بھی نہ کھانا میسّر ہوا)

○○

جانی دُشمن

نَفَس،
روزِ ازل سے
شریکِ زندگی ہے
عروسِ زندگی کا
بچاری زندگی خوش ہے
سمجھتی ہے ——

وہ اِس کا ہم عِناں ہے

وہ اِس کی جانِ جاں ہے
مگر،
اے وائے افسوس!
یہ اِس سے بے خبر ہے
کہ اِس کے جسم کو گھُن لگ گیا ہے

○○

ایک آنکھ

مُساویانہ سلوک جس کا ہو
اُس کو
کیا تم بُرا کہو گے ؟
نہیں !
تو پھر
پوچھتے ہو کیا تم
کہ موت مجھ کو عزیز کیوں ہے !

اُدھیڑ بُن

ہر لمحہ ـــــــــ
تعمیرِ جہاں ہے
منزل
کوششِ انساں کی
ہر لمحہ ـــــــــ
تخریبِ جہاں ہے
منزل
گردشِ دوراں کی
دونوں ہیں سرگرمِ عمل
کیوں کر ہو یہ مسئلہ حل
کیسے ہو یہ منزل طے!
کیسے ہو وہ منزل طے!!

○○

حقیقت

ریگ زارِ آرزو ۔۔۔۔۔۔؟
یک سر سراب
اور پرستانِ تخیّل ۔۔۔۔۔۔؟
ایک خواب
اور ۔۔۔۔۔ عہدِ نو کے
انساں کا وجود ۔۔۔۔۔۔؟
ا ۔۔ و ۔۔ ر کچھ ان سے پَرے !

OO

رفیقۂ[1] حیات

اے میری جان سے عزیز میری رفیقۂ حیات
قائم ہے تیری ذات سے میری خوشی کی کائنات
تجھ سے جُدا نہ میں رہوں، مُجھ سے جُدا نہ تو رہے
کچھ اس قدر عمیق ہوں تیرے مرے تعلقات

○

---

[1] صالحہ بانو جو مرحوم حکیم مولوی محمد شمس الحق (کانکی نارہ) کی اکلوتی دختر نیک اختر ہیں اور جن سے بروز جمعرات بتاریخ ۸ر نومبر ۱۹۶۲ء میرا عقدِ ثانی ہوا اور جو تاحال رفاقت کا حق ادا کر رہی ہیں۔ (حشم)

حشم الرمضان

کا شعری مجموعہ

میری غزلیں

(بین الاقوامی ایڈیشن)

جلد منظر عام پر

تعارفی خاکہ

خاندانی نام : محمد حشم الدین
قلمی نام : حشم الرمضان
ولدیت : رمضان علی (مرحوم)
تاریخ پیدائش : ۱۷ فروری ۱۹۳۴ء
جائے پیدائش : گارولیہ، ۲۴ پرگنہ (شمال)
آبائی وطن : بلیا (یوپی)
تعلیم : بی اے آنرز، ایم اے (فارسی) کلکتہ یونیورسٹی ۱۹۵۸ء
ایم اے (اردو) کلکتہ یونیورسٹی ۱۹۶۲ء
ادبی زندگی کا آغاز : ۱۹۵۴ء (شاعری سے)
ادبی ذوق : شاعری، تحقیق و تنقید
ملازمت : ۱۹۵۶ء تا ۱۹۹۴ء
استاذ اردو، چشمۂ رحمت ہائر سکنڈری اسکول جگتدل ۲۴ پرگنہ
اقامت : ۲۸/۱ نیا بازار بی ایل ۲ پوسٹ کانکی نارہ۔
۲۴ پرگنہ (شمال) - ۷۴۳۱۲۶
(مغربی بنگال)
فون: ۵۸۱-۰۲۷۴